LES

CHANCES DE SALUT

ET LES

CONDITIONS D'EXISTENCE

DE LA SOCIÉTÉ ACTUELLE.

VERSAILLES, IMPR. DE BEAU Je, RUE SATORY, 28.

LES

CHANCES DE SALUT

ET LES CONDITIONS D'EXISTENCE

DE LA

SOCIÉTÉ ACTUELLE

PAR

ÉMILE DE BONNECHOSE.

. . . . Facilis descensus ab alto;
Sed revocare gradum, superasque evadere ad auras
Hoc opus, hic labor est. . . . .

PARIS

COMPTOIR DES IMPRIMEURS,

COMON, ÉDITEUR,

15, Quai Malaquais.

1850

Joseph de Maistre a remarqué cette singulière facilité qu'ont les Français, à oublier leurs maux et à sommeiller dans l'intervalle des crises [1], et ce qu'il en dit rappelle ce passage du vieux livre des proverbes : « Vous dormirez un peu, vous mettrez les mains l'une dans l'autre pour vous reposer, et l'adversité, comme un homme armé qui marche à grands pas, viendra vous surprendre et se saisira de vous [2]. »

Le mot de de Maistre, et ce verset des Ecritures, me sont revenus à la mémoire en voyant cet hiver Paris brillant, dansant et joyeux, passer tout-à-coup d'une gaîté étourdie à la stupeur, après l'élection du 10 mars. J'eus l'idée

1. *Considérations sur la France*, — 1796.

2. *Prov.*, VI, 11, 12.

d'examiner la situation plus sérieusement que je n'avais encore fait, d'imiter le médecin, qui ne s'arrête pas aux symptômes extérieurs du mal, mais qui, pour en connaître le caractère et la gravité, remonte à sa source et analyse les causes qui l'ont produit. J'essayai ainsi de me rendre un compte scrupuleux et fidèle de l'état des choses, et des remèdes qu'il comporte.

J'ai reconnu, je le dis tout d'abord, qu'il n'y a de véritables chances de salut pour notre société que dans la parfaite entente des pouvoirs, dans leur volonté ferme et active, et enfin dans l'union des grands partis conservateurs. Ceux-ci le reconnaissent comme moi, et sont d'accord pour le dire; toutefois, cette alliance étant de celles où l'inclination a moins de part que le devoir, il y a chez eux tendance à protester par les actes contre le principe auquel la raison rend hommage. J'en ai conclu que ce principe ne rencontrait qu'une adhésion tiède et pour ainsi dire intermittente. J'ai donc pensé qu'il ne serait pas inutile de lui rendre quelques forces en donnant aux faits plus ou moins obscurs qui font de l'union une loi le caractère de l'évidence, et de changer ainsi une foi relative et trop souvent inerte, en foi absolue, vivante et surtout AGISSANTE : tel est le but de ce petit livre.

Je dois dire d'ailleurs que je ne me suis dissimulé aucune des plaies de notre civilisation, et que des maux nombreux m'ont toujours paru inséparables de ce qu'on est convenu d'appeler l'ORDRE SOCIAL. Je regarde néanmoins comme un impérieux devoir de le consolider et de le maintenir, parce que, dans ce qu'on veut mettre à la place, j'aperçois des maux infiniment plus grands, et qu'au lieu d'un progrès, je ne vois, dans toutes ces tentatives, qu'un retour en arrière vers la barbarie.

On trouvera peut-être singulier qu'un homme qui n'est ni propriétaire, ni capitaliste, ni fonctionnaire, se porte défenseur de la propriété, du capital et de la chose publique; et l'on demandera quel intérêt le fait parler.

Hélas! la littérature pernicieuse a porté un coup mortel aux lettres dans l'estime des honnêtes gens; le monde, épouvanté des excès de la presse et de sa puissance pour le mal, ne croit plus au désintéressement de l'écrivain, ni même à l'efficacité de ses efforts pour le bien. Mais l'auteur, l'écrivain qui spécule cède à la foule, suit le torrent, et il serait trop novice s'il pensait que le meilleur moyen d'attirer les sourires de la fortune fût de mettre sa plume au service de la vérité. Je l'ai servie vingt ans; si je la sers encore, c'est qu'il y a en elle un charme que ceux qui l'outragent ne connaissent pas; et si je livre aujourd'hui ces quelques pages à la publicité, c'est que mon pays m'est cher et que j'éprouve le besoin de lui dire ce qui m'est suggéré par le péril où je le vois.

Je n'ai pas même l'orgueilleux espoir que mes paroles seront entendues au loin: mais, quand le ciel est sombre, un faible cri jeté devant un écueil peut donner un avertissement utile; et l'humble pierre sur le chemin de l'avalanche a quelquefois détourné sa fureur.

Voilà pourquoi j'écris.

Versailles, 22 juin 1850.

I.

Des principales forces de la société et du principe invariable de l'existence des Etats.

Partout où un certain nombre de familles sont réunies pour vivre en société, deux faits constants se produisent : les conditions de l'association sont, en premier lieu, définies et réglées par des lois, ou par des coutumes, et il s'établit, en second lieu, un gouvernement ou une autorité quelconque pour les faire observer.

On voit bientôt dans cette association, comme dans toute société régulière[1], naître et se développer, presque en même temps, une multitude de forces qui se combineront la plupart en deux résultantes opposées ou en deux forces générales de direction contraire.

Les unes tendront à subordonner, dans des limites nécessaires, l'intérêt particulier au bien gé-

1. Je ne parle point ici des sociétés livrées aux caprices insensés d'un despote, quel qu'il soit, *prince* ou *majorité*.

néral, et à raffermir la société, en fortifiant les liens qui unissent ses membres, et en soumettant ceux-ci aux lois. Elles ont leur principe d'action dans l'aisance généralement répandue, dans l'influence de la religion et des saines traditions, dans de bonnes institutions, au premier rang desquelles tous les législateurs ont mis l'éducation publique ; enfin, dans la sagesse des gouvernants et dans les qualités morales des gouvernés. Ces forces sont les véritables ancres de la société et quelques-unes pourront être considérées comme ses remparts naturels, quelle que soit d'ailleurs la dénomination de l'Etat, qu'il soit une monarchie ou une république.

Les forces contraires auront perpétuellement pour effet d'accroître les avantages de l'individu aux dépens de l'intérêt commun, de l'ordre social et de la paix publique. Elles ont pour principaux moteurs le besoin et la misère, les appétits plus ou moins légitimes, les mauvaises institutions, les vices du gouvernement et aussi l'esprit d'indépendance, la corruption des mœurs et l'impatience de tout frein.

Maintenant, la première condition, la condition invariable, éternelle d'existence pour tout État, comme pour le corps humain, est que les forces ou les principes qui tendent à le dissoudre soient contenus et pour le moins balancés par les principes opposés ; il faut, en un mot, que les forces de résistance et de durée soient proportionnées dans l'État aux forces de soulèvement d'insurrection et de dissolution.

Il importe donc d'analyser attentivement les unes et les autres, et d'examiner leur action réciproque, afin de s'assurer si les forces conservatrices de l'État sont au moins égales à celles qui tendent à le dissoudre, si l'équilibre est maintenu, et dans le cas contraire, à quelle condition il est possible de le rétablir.

Au nombre des forces sociales, il faut sans doute grandement tenir compte des pouvoirs publics, et de l'armée : toutefois, lorsque dans un État comme la France, l'existence de ces pouvoirs est subordonnée aux caprices du suffrage universel, il n'est plus permis de les compter au nombre des forces qui ont en elles un caractère suffisant de permanence et de durée.

Que le scrutin donne demain gain de cause aux ennemis de l'ordre social, et ces mêmes pouvoirs qui défendent aujourd'hui si courageusement la société, pourront, demain aussi, être employés à sa ruine : l'armée elle-même, si elle n'était dissoute, serait profondément modifiée : elle serait contrainte à prêter la main aux démolisseurs, en vertu du principe d'obéissance qui fait aujourd'hui sa force et sa gloire, et nous la maudirions après l'avoir bénie.

Le suffrage universel étant, quant à présent, l'arbitre en dernier ressort des destinées de la France, les forces qui ont une influence durable sur le résultat du scrutin, sont celles qu'il importe surtout d'analyser : ces forces ont leurs racines, beaucoup moins dans les pouvoirs publics, que dans l'état général des choses et des esprits : elles découlent des conditions matérielles de la population, de ses habitudes, de ses croyances, de ses qualités morales, de ses institutions : ce sont celles-là que je me propose d'examiner, et je rechercherai si, dans l'état actuel de la société, ces forces, livrées à elles-mêmes, seraient suffisantes pour résister efficacement aux passions subversives de ses ennemis.

A la surface, tout est calme ; mais il y a dans la société une préoccupation vague et une inquiétude générale que l'on chercherait en vain à dissimuler : et pourtant une armée fidèle veille sur nous, et des pouvoirs tutélaires tiennent dans leurs mains nos destinées ; la société a reconnu ses adversaires, elle a pris sa revanche sur ceux qui l'ont surprise en février ; deux fois elle les a vaincus dans Paris, et tous les jours elle remporte encore sur eux de pacifiques triomphes ; elle est victorieuse et elle tremble....... A-t-elle raison de trembler ?

II.

Des conditions matérielles de la population.

Parmi les causes de stabilité ou d'agitation dans les sociétés humaines, l'état de la propriété, ainsi que les conditions matérielles de la population tiennent peut-être la plus importante place : il en est sans doute d'un ordre supérieur, il n'en est pas dont l'influence se fasse plus généralement sentir.

Nous avons fait rapidement en France beaucoup de chemin dans l'appréciation des causes de cette nature.

Un homme célèbre et qui passait, il y a peu d'années, aux yeux de la France libérale, pour le défenseur le plus éclairé de ses libertés, Benjamin Constant, faisait reposer la sécurité des Etats, uniquement sur la propriété : non-seulement il voyait en elle une condition inséparable de l'exercice des droits politiques, mais il ne considérait comme véritablement propriétaire, il ne voyait d'hommes indépendants, suffisamment intéressés à la défense de la chose publique, que ceux dont le bien était suffisant pour les dispenser de vivre de leur travail[1]. Ben-

1. La propriété seule assure le loisir indispensable à l'acquisition des lumières et à la rectitude du jugement; la propriété seule rend les hommes capables de l'exercice des droits politiques... Lorsque les non-propriétaires ont des droits politiques, de trois choses il en arrive une : ou ils ne reçoivent d'impulsion que d'eux-mêmes, et alors ils détruisent la société; ou ils reçoivent celle de l'homme ou des hommes du pouvoir, et ils sont des instruments de tyrannie ; ou ils reçoivent celle des aspirants au pouvoir, et ils sont des instruments de factions. J'établis donc des conditions de propriété, et je les établis également pour les électeurs et pour les éligibles.... Quiconque n'a pas en revenu la somme suffisante

jamin Constant était en cela d'accord avec la plupart des hommes éminents, qui dans le domaine de la politique, mettent l'expérience au-dessus de la métaphysique et tiennent compte des faits plus que des théories.

Nos docteurs en socialisme sont plus hardis et sans doute aussi plus habiles : ils sont passés maîtres dans ce genre d'adresse, qui consiste à faire tenir un monde sur la pointe d'une aiguille : donnez-leur un monde, un pays, une province, et ils sont tout prêts à faire l'expérience : ils ne contestent point d'ailleurs qu'une large part d'influence politique accordée à la propriété, ne puisse contribuer à la stabilité de l'Etat ; ils nient qu'elle soit nécessaire, indispensable à sa vie et à sa durée; ils y voient un odieux privilége, un obstacle au progrès, une entrave à l'accomplissement des destinées humanitaires. Quoi qu'il en soit, ils ont été crus sur parole, et déjà les données du problème sont changées. Au lieu de l'importance de la propriété dans la classe, hier encore dirigeante, nous n'avons plus à considérer que l'importance du bien-être dans les masses souveraines : il ne s'agit plus de savoir si dans les institutions sur lesquelles la propriété repose, il est sage de lui réserver une part spéciale d'influence, mais de savoir si la

pour exister pendant l'année sans être tenu de travailler pour autrui, n'est pas entièrement propriétaire. Benjamin Constant. *Politiq. constitutionnelle*, ch. II.

société peut trouver dans les conditions des masses qui disposent d'elles à volonté par leur bulletin de vote et leur fusil, des garanties suffisantes d'existence et de durée.

Tout le monde convient aujourd'hui que l'amélioration du sort du grand nombre est le progrès le plus désirable : on est d'accord sur le but, on diffère sur les moyens. L'adoption de quelques systèmes égalitaires causerait la ruine immédiate de certaines classes de la société, elle aurait pour résultat la suspension de tous les métiers qui ne peuvent vivre, dans l'état actuel de la civilisation, du luxe et des arts, que par l'aisance de ces mêmes classes; elle ferait retomber sur-le-champ à la charge de la population agricole, les millions d'hommes employés aujourd'hui dans l'industrie, et serait suivie, en France, d'un désastre complet et universel[1]. Il est tout aussi certain qu'un accroissement très-sensible des ressources matérielles des masses laborieuses, ne saurait être obtenu qu'avec le temps et à l'aide d'un rare concours de circonstances favorables : peut-être même est-il impossible qu'elles atteignent jamais en Europe, à l'aisance dont elles jouissent dans certains districts des Etats-Unis. On sait que le bien-être est plus répandu

1. J'indique comme renfermant d'excellents aperçus sur les principales questions économiques, un petit livre intitulé *Journal d'un voyageur*, par M. F. Barthe, 1849.

dans ces contrées que partout ailleurs ; on sait aussi qu'il n'y a presque rien à conclure de ce qui se fait dans la société américaine, à ce qui se passe dans la nôtre, et que l'aisance tend à y croître et à s'y répandre dans les masses, par une foule de causes, qui chez nous n'existent pas [1]. La religion y apporte généralement un frein aux désirs et une certaine modération qui permet à l'homme d'apprécier le bien-être dont il jouit : le respect traditionnel de la loi ; précieux héritage que l'Américain tient de ses aïeux, prévient ces crises redoutables qui, en paralysant le commerce et l'industrie, causent un plus grand préjudice aux classes laborieuses qu'à celles qui possèdent, et qui en paraissent d'abord ébranlées : l'Américain, enfin, a devant lui un espace sans bornes; il y a place dans son pays, en deçà des limites où la civilisation règne, pour les familles industrieuses, rompues à la double discipline de l'ordre et du travail; il y a place aussi, au-delà de ces limites, pour la population turbulente, pour les énergiques aventuriers, impatients du joug des lois, et l'émigration dans ces climats est favorisée par une sorte de courant perpétuel qu'entretiennent les besoins, les mœurs, les instincts et les habitudes.

Rien de pareil n'existe en France, où la population s'agglomère à l'intérieur, où les habitudes sont

1. Voyez à ce sujet les lettres sur l'Amérique, par M. Michel Chevalier.

tout-à-fait étrangères à l'esprit de colonisation, où l'entretien des colonies est un fardeau pour tous, et où les malheureux qui s'expatrient voient dans l'émigration beaucoup moins un soulagement qu'un exil et un malheur de plus. Rien donc ne nous autorise à penser que ceux à qui on donne exclusivement, d'une façon si impropre, le nom de travailleurs [1], puissent atteindre dans un avenir appréciable, je ne dis pas à ces jouissances que leur promettent nos utopistes, mais seulement à cet état général de vulgaire bien-être qu'ils trouvent en Amérique.

La division des propriétés a été quelque temps en France un principe de stabilité, mais leur morcellement indéfini a produit un effet contraire et funeste. Il faut lire le remarquable travail récemment publié sur cette matière, par un homme fort éclairé, pour comprendre l'étendue du mal et sa profondeur [2].

L'industrie et la propriété mobilière, toujours les premières ébranlées par les crises politiques, ne sont pas dans des conditions meilleures : mais supposons

1. On fait semblant d'oublier que les classes relativement aisées sont composées de travailleurs tout aussi bien que les classes des prolétaires. Les négociants, les médecins, les professeurs, les artistes, les notaires et mille autres travaillent autant que ceux qui vivent de leurs bras. Consultez ceux-ci, ils vous diront que le moindre labeur de la pensée leur serait plus pénible que les travaux manuels dont ils s'occupent.

2. *De la décadence de la France*, par M. Raudot, in-8.

l'agriculture et l'industrie florissantes, cette prospérité apportera-t-elle quelque force à l'ordre social, et le vote des propriétaires et des patrons ne sera-t-il pas annulé cent fois par le vote contraire de leurs inférieurs, dont l'envie croît avec la fortune de ceux qui les nourrissent ?

La question du bien-être est complexe ; il ne suffit pas, pour en jouir, que chacun possède ce qui lui est nécessaire si ses prétentions vont fort au-delà ; et le *bien-être* n'est qu'un mot si on le sépare du *contentement d'esprit*. Qui ne voit que l'ouvrier qui reçoit cinq francs par jour et qui s'en contente jouit davantage de la vie et est plus véritablement dans un état de bien-être que celui qui en reçoit dix et qui en veut le double? L'homme malheureux est l'homme qui désire sans cesse plus qu'il n'a, et le désir, est de sa nature insatiable. La France compte dans cette classe non-seulement ceux qui sont pauvres d'une manière absolue mais presque tous ceux qui ne le sont que d'une manière relative.

Ce mal incurable des esprits remonte aux premiers temps de la révolution française : il est sorti de cet article fameux de la Constitution de 1791, qui rendit toutes les positions accessibles à tous [1], et

1. Qu'on ne se méprenne pas sur le sens de mes paroles. La possibilité pour chacun d'arriver aux honneurs et aux richesses doit résulter de l'ensemble des institutions ; le danger est de la formuler comme un appât pour le grand nombre. Il convient d'ailleurs que

qui, vanté comme la plus précieuse des conquêtes, a ouvert plus de blessures qu'il n'en a guéri : promesse prestigieuse et amère par laquelle a été allumé dans les âmes un feu que rien ne saurait éteindre, et qui a réalisé, dans un ordre particulier de faits et d'idées, l'effrayant calcul de Malthus, en multipliant à l'infini les prétentions sans accroître dans la même mesure les moyens de les satisfaire.

Que d'exemples seraient à citer à l'appui de ces assertions ! Avant la révolution, une multitude de charges qui pesaient exclusivement sur les classes nombreuses, ajoutaient à leurs souffrances ; la Constituante les a réparties entre toutes les classes, elle a assis l'impôt d'une manière équitable et uniforme, elle a aboli les priviléges, les corvées, les maîtrises et les jurandes ; elle a balayé les derniers vestiges de l'ancienne féodalité contre lesquels s'élevaient tant de clameurs, et lorsqu'elle eut fait tout cela, les clameurs ont redoublé, les exigences sont devenues plus vives et plus inexorables : la république est venue, les représentants des hautes classes de l'ancienne société française ont été dépouillés, bannis ou égorgés ; le paysan a possédé les maisons et les terres, et la France a compté trois millions de nouveaux propriétaires ;

la porte ne soit pas trop large ni les degrés trop faciles, afin que l'intrigue ne puisse obtenir la récompense qui n'appartient qu'au mérite et à d'éclatants services. Il eût été plus prudent de dire que nul ne serait exclu.

on pouvait voir et l'on a vu d'abord avec raison dans ce morcellement immense une certaine garantie pour l'ordre, pour la paix et la sécurité : d'où vient qu'il n'en est plus ainsi? Quel souffle empoisonné se répand dans nos campagnes où de perverses doctrines étendent chaque jour leurs ravages? Faut-il en croire des bruits sinistres? Le petit champ du laboureur ne réjouit-il plus ses yeux et les porte-t-il avec une ardente et sombre espérance sur le champ plus vaste qui entoure le sien, sur le château qui domine sa chaumière?

Les populations souffrent en France, ce fait est incontestable; la misère cependant n'est pas assez grande pour que le désespoir les soulève et ferme leurs oreilles aux conseils de la raison. Laissées à elles-mêmes, les classes nombreuses ne se repaîtraient pas de vaines espérances et comprendraient peut-être qu'en s'agitant elles diminueront encore leurs ressources. Mais elles sont le jouet malheureux de ceux qui les flattent, de ceux qui, nés au-dessus d'elles, se donnent à elles pour des vengeurs, pour des libérateurs, pour des médecins habiles qui les guériront de tous leurs maux.

Ces hommes ambitieux n'ont d'espoir que dans les révolutions, parce que celles-ci fauchent et font disparaître ceux qui leur font obstacle. S'ils prenaient un souci réel des classes qu'ils endoctrinent, ils s'inquiéteraient peut-être de savoir si l'expérience a quelque part confirmé leurs systèmes, et bien loin de leur promettre des satisfactions chimériques, ils les instruiraient à goûter celles qui sont à leur portée : au lieu de cela, que font-ils ? Ils irritent la plaie du malheureux, ils ne laissent point reposer les passions redoutables de la multitude, parce que le sommeil du peuple serait une halte pour eux dans le chemin de la fortune, ils les excitent par mille moyens au renversement de la société à laquelle ils reprochent de n'avoir pour les souffrances du pauvre ni sollicitude, ni pitié : ils n'auraient garde de lui dire tout ce que la société a fait pour les alléger et pourtant ses œuvres charitables sont immenses, mais qui le sait? Qui lui en tient compte? Et le christianisme, que n'a-t-il pas fait aussi pour ceux à qui l'on enseigne qu'il est aujourd'hui sans force et sans vertu? Y a-t-il dans Paris une maladie de l'âme ou du corps à côté de laquelle cette religion vraiment divine n'ait placé une consolation ou un remède [1], et l'infortuné qui les reçoit ne sait même d'où ils lui viennent!

1. A Paris seulement, et ce qui se passe à Paris se passe également, toute proportion gardée, dans la plupart de nos grandes villes de département, on compte :

1° La Société de charité maternelle, qui a pour but d'assister les pauvres femmes en couches; elle peut disposer d'une somme annuelle de 97,264 francs, avec laquelle elle a secouru 930 mères de famille;

2° L'Association des mères de famille, qui donne des secours à domicile pour le soulagement des femmes enceintes;

3° La Société médicale d'accouchement;

Et que voyons-nous tous les jours, de quel triste spectacle ne sommes-nous pas affligés? Les mesures

4° La Société de Saint-Vincent-de-Paul, dont les ramifications s'étendent sur toute la France, et qui secourt à Paris trois ou quatre mille familles, et patrone plus de quinze cents enfants;

5° L'Etablissement de Saint-Nicolas, qui élève plus de sept cents enfants;

6° L'Asile Fénelon;

7° La Société des Amis de l'enfance;

8° L'OEuvre des apprentis et jeunes ouvriers;

9° L'OEuvre de Saint-Jean;

10° La Société pour le placement en apprentissage des jeunes orphelins;

11° L'Association des fabricants et artisans pour l'adoption des orphelins des deux sexes;

12° L'OEuvre des catéchismes et des paroisses;

13° La Société d'adoption pour la colonisation des enfants trouvés ou abandonnés, qui compte déjà plus de cent enfants, et qui, avec les ressources de la charité privée, réalise dès à présent plus de 52,000 fr. de recettes annuelles;

14° L'OEuvre des jeunes Savoyards et Auvergnats;

15° La Colonie agricole de Mettray, qui renferme 500 enfants;

16° La Société de patronage des jeunes libérés;

17° L'Association des jeunes économes;

18° L'Association de Ste-Anne;

19° La Maison des enfants délaissés ou abandonnés;

20° L'Etablissement de Saint-Louis;

21° L'atelier de Mme Chauvin;

22° La Maison de refuge des Sourds-Muets;

23° L'OEuvre des crèches qui se multiplie toutes les années;

24° L'OEuvre des pauvres malades, qui ne se borne pas seulement à des secours pécuniaires, mais qui donne également des secours moraux par l'intervention des dames patrones de l'OEuvre, qui vont elles-mêmes visiter les malades et leur porter des consolations et des secours;

25° La Société de Saint-François-Regis, qui s'occupe du mariage et travaille à légitimer les unions clandestines;

26° L'Asile du Cœur de Marie;

27° La Société de la Miséricorde;

28° L'Asile de la Providence;

les plus justes, les plus humaines, les plus charitables, lorsque la majorité les propose, ne sont-elles pas décriées, flétries et rejetées avant d'aboutir au soulagement du peuple, par ceux même qui s'attribuent le privilége exclusif de l'aimer et de le défendre [1] ?

. . . .

29° L'Œuvre des pauvres prisonniers pour dettes ;

30° La Société de patronage pour filles et femmes détenues et libérées ;

31° La Société philanthropique ;

32° Les Ouvriers de Saint-Louis de Vaugirard et de Sainte-Anne ;

33° La Société de patronage pour les prévenus acquittés ;

34° L'infirmerie de Marie-Thérèse ;

35° La Société de patronage pour les pauvres aveugles ;

36° La Société pour le renvoi dans leurs familles des jeunes filles sans place et des femmes délaissées ;

37° La maison des diaconesses ;

38° La maison de Saint-Joseph pour les filles et femmes repentantes ;

39° Le Comité consistorial israélite de secours et d'encouragement ;

40° La Société israélite des amis du travail ;

41° La Société des amis des pauvres ;

42° La Société en faveur des pauvres vieillards ;

43° La Société de patronage pour les aliénés convalescents ;

44° L'Asile-ouvroir de Gérando, destiné à recevoir les jeunes filles victimes d'une première faute, et que leur état d'abandon, à leur sortie des hôpitaux, exposait à de nouveaux dangers.

Qu'a fait le socialisme pour venir au secours des mêmes douleurs ?

(*Rapport de M. de Mortemart.*)

1. A l'heure où j'écris, l'opposition vient encore de donner une nouvelle confirmation à mes paroles, en repoussant le projet de loi des *caisses de retraite*, conçu dans l'intérêt des classes ouvrières (Séance du 18 juin).

Qu'importent en effet les innombrables bienfaits des particuliers ou de l'État? L'orgueil les repousse, il se révolte contre la charité ; il ne demande plus , il exige, et le droit s'impose où plaidait la prière.

Ne cessons point cependant de nous occuper des membres souffrants du corps social, améliorons leur sort par tous les moyens, dans les limites du possible et du juste, afin de leur enlever, sinon peut-être le désir de détruire la société, du moins un prétexte pour la maudire : en agissant de la sorte, ne nous abusons point, ne nous flattons pas d'en rallier le plus grand nombre à la cause de l'ordre. Le bien produit paraîtra toujours faible et hors de proportion avec les besoins réels, et beaucoup plus encore avec les exigences des besoins imaginaires. Les meilleures institutions n'ont que des remèdes imparfaits et trop souvent inefficaces pour les maux qu'engendrent les passions; il est difficile de guérir par la charité une souffrance sur un point sans en produire ailleurs une autre [1], et il n'est au pouvoir d'aucun gouverne-

1. Pour chaque écheveau de laine que filent les enfants de la paroisse, il ne peut manquer d'y avoir un écheveau de moins de filé par quelque famille.... Soit que les brosses et les balais sortent de la fabrique des enfants de la paroisse ou de celles des ouvrières indépendantes, il ne s'en vendra jamais plus que le public n'en demande. (Daniel de Foë. Mémoire au Parlement , sous ce titre : *Giving alms no charity.*)

ment, dit Malthus, de faire croître à volonté *deux épis* où la nature n'en peut donner *qu'un* [1].

Pour conclure, nous dirons qu'en France il y a malheureusement, en tout temps, peu à espérer de la condition matérielle des masses, dans l'intérêt du maintien de l'ordre, bien moins encore aujourd'hui qu'on leur répète sans cesse que si leur sort n'est pas beaucoup meilleur, la faute en est aux institutions, et qu'elles ont en main, par le suffrage universel, le pouvoir de battre monnaie en les modifiant.

1. *Essai sur le principe de la population*, liv. III, ch. 6.

III.

Des croyances.

Dans un écrit récemment publié par un homme considérable, membre de l'ancien gouvernement et de l'Académie française, je lis ces lignes qui, à mes yeux, empruntent toute leur importance de celle de leur auteur :

« Cette justice est due à la révolution de février, qu'elle a abjuré, parmi toutes ses réminiscences, l'impiété. A la différence des exigences opiniâtres de 1830, elle n'a pas eu d'élans qu'elle n'ait appelé la religion à les bénir ; elle n'a pas eu de fêtes que Dieu et ses ministres n'y soient intervenus. Elle a montré déjà à nos places publiques, plus que la Restauration même en quinze années, le prêtre s'interposant entre Dieu et les hommes pour faire descendre ici-bas la bénédiction et faire monter en haut la prière[1]. »

Quoi ! la révolution de février aurait-elle contribué à manifester parmi nous le réveil des croyances, sources éternelles et gardiennes sacrées des vérités

1. De Salvandy, Préface de la nouvelle édition de *Vingt mois, ou la Révolution et le parti révolutionnaire*, 8°, 1849. — Il convient de reconnaître que l'auteur attribue ce réveil religieux à l'influence du dernier règne.

morales? S'il était ainsi, il faudrait la bénir, et malgré toutes les calamités qui l'ont suivie, le bienfait eût passé le mal; mais n'est-ce pas s'abuser que de le croire? n'est-ce pas prendre l'ombre pour le corps, et l'idée que chacun se fait aujourd'hui de l'importance de la religion pour la religion même?

Quel spectacle avons-nous devant les yeux? Ici, c'est la crainte qui s'abrite sous le manteau de la foi, là c'est l'audace qui s'en affuble, ailleurs c'est l'hypocrisie et la ruse. Reconnaîtrons-nous des chrétiens dans les hommes qui rendent le christianisme méconnaissable? des disciples de l'Évangile dans ceux qui le travestissent? Jésus élevait l'esprit de la terre au ciel, mais eux le ramènent aux satisfactions des sens et aux joies de la terre; il respectait les puissances établies, ils les veulent renverser; il répétait : abstenez-vous, et ils disent : jouissez; ils ne se font point une âme à la ressemblance du Christ, non, et cette insulte manquait au Sauveur, ils se font un Christ à leur propre image. Ils ont enveloppé de sa parole leurs aphorismes empoisonnés pour mieux les glisser dans les âmes; ils ont convié le prêtre à leurs fêtes afin de donner un air de vérité à leurs devises menteuses et une apparence de force et de vertu à leurs symboles impuissants.

Et pourtant, ne pensons pas qu'ils soient tous sans croyances, qu'ils soient tous des pervers et des imposteurs; il y a parmi eux, et j'en connais, des hommes généreux, mais aveugles, égarés par l'orgueil, mais sincères, remplis d'une foi sombre et qui obéissent à des convictions redoutables. La religion pour ceux-là n'est pas un vain mot; ils dédaignent, disent-ils, l'autorité du nombre et proclament la souveraineté du but[1] : qu'est-ce que cela, sinon faire appel du monde extérieur au monde intérieur, de la puissance du fait à l'autorité de la conscience et passer du domaine de la politique dans celui de la religion. Ils ont foi dans leurs œuvres, ils vouent un culte à leurs propres pensées, ils ont des apôtres, ils auraient des martyrs.

Considérés à ce point de vue ils font secte, et la secte a pour principal auteur un homme qui a annoncé la bonne nouvelle sur une page sanglante[2]; elle a pour livre saint un terrible petit volume dans lequel, après un écho des concerts du ciel, on croirait entendre les rugissements de l'enfer. Religion infernale, en effet, que celle qui pousse l'homme à je ne sais quel progrès à travers les flammes, les décombres et la ruine universelle. Mais il y a une vérité nécessaire à dire et qu'il n'est pas possible de contester, c'est qu'une force qui s'empare de l'homme tout entier, de son passé comme de son avenir, de son intelligence comme de son cœur, ne peut être combattue que par une force égale ou supérieure, qu'une religion ne peut tomber que devant une autre, et que le

1. Procès de Bourges, 1849.

2. Lamennais. *Paroles d'un croyant.*

culte de l'erreur ou du mal ne peut être détrôné que par le culte en esprit et en vérité. Où en sommes-nous à cet égard? et pour lutter avec avantage contre les progrès de cette foi nouvelle et incendiaire, sommes-nous affermis dans la nôtre? le christianisme de l'Evangile, le vrai christianisme règne-t-il souverainement dans nos âmes, a-t-il établi sa puissance dans la société de manière à la rendre invulnérable aux atteintes de l'ennemi? Plût à Dieu qu'il en fût ainsi, et que, vous qui le pensez, vous ayez raison de le croire! La société est devenue religieuse et chrétienne, dites-vous, et elle hésite à confier ses fils aux ministres de ses cultes! Elle est religieuse, et elle n'ose donner un prêtre à ses régiments et à ses vaisseaux! Elle est religieuse, et elle ne souffre point qu'un seul de ses membres dispose librement de la plus faible part de sa fortune pour un legs pieux! Elle est religieuse, et ses temples ne sont pas remplis; ils sont vides du moins de la plupart de ceux à qui plus spécialement sa défense devrait être confiée! Le prêtre est invité à bénir les berceaux et les tombes; mais est-il appelé pour Dieu ou pour le monde, par piété véritable ou par la crainte de paraître n'en pas avoir?

Un homme de guerre, un conquérant, a relevé les murs de nos églises, mais a-t-il relevé ces boulevards intérieurs, ces forteresses de la foi battues en brèche dans les cœurs et remuées jusqu'aux fondements par l'incrédulité de tout un siècle? Il a rétabli le culte et ses pompes; il n'a pas fait un chrétien de plus. Disons-le donc puisqu'il ne s'agit pas de nous étourdir et de sommeiller sur nos maux, mais de les sonder; non, la société n'est pas suffisamment défendue par la religion; la foi sans doute n'est pas morte, l'étincelle sacrée couve dans les âmes qu'elle embrasera peut-être un jour; mais aujourd'hui, la foi est faible contre l'excès du mal, et la société, pour parler le langage de l'apôtre, n'oppose plus aux efforts de l'ennemi le casque imperméable du salut et l'épée triomphante de la vérité[1].

IV.

Des traditions.

Après la foi chrétienne, le meilleur rempart des mœurs et des lois est le respect des traditions.

Vivre comme nos pères, tel était le langage de la sagesse antique et nous en avons ri : le respect superstitieux de cette vieille maxime serait absurde sans doute, et cependant elle cache un sens profond. « Vivre comme nos pères, » cela veut dire : l'État subsistait alors et la société marchait : imitons-les, et nous subsisterons et nous marcherons aussi, et en poursuivant un prétendu progrès, nous ne ris-

1. Saint Paul. Epître aux Ephés., VI, 17.

querons de faire ni un pas rétrograde, ni une chute.

Quelle leçon nous donne à cet égard un pays voisin, l'Angleterre ! Étudions y la société dans ses degrés divers, et nous reconnaîtrons tout ce qu'elle doit au respect de ses traditions professé par le riche comme par le pauvre, dans la religion, dans la politique, dans les lois et dans les mœurs.

Et nous, quel appui trouvons-nous et cherchons-nous dans les nôtres? Au point de vue religieux, nous venons de le voir, nos traditions sont oubliées, méconnues ou sans force : les respectons-nous davantage dans la politique? Trouverons-nous là en elles une barrière plus sûre? Hélas qui ne sait que nous datons en politique de 1789? L'édifice social porte gravé sur son fronton ce chiffre sacramentel, date redoutable de l'ère démocratique, et tout auprès nous lisons en caractères sanglants cet effrayant exergue : *L'insurrection est le plus saint des devoirs!* Les traditions de la génération actuelle, en histoire comme en politique, ne remontent point au-delà.

Dans nos lois, dans nos codes, la tradition est-elle mieux respectée? Qu'avons-nous conservé des lois en vigueur au temps de nos pères, gardiennes de l'autorité de l'État et du chef de famille? S'il en est quelqu'une que nous ayons épargnée, n'en disons rien ; ne levons pas les voiles dont elle se couvre, abritée quelque part sous un nom fameux et purifiée dans le code Napoléon de l'originelle souillure. Chez nos voisins, il y a présomption qu'une loi est bonne lorsqu'elle date de loin, et l'estime qu'on en fait est en raison directe du temps qu'elle a duré. Chez nous, tout au rebours, les lois jeunes semblent les meilleures et chaque fait nouveau semble réclamer une loi nouvelle. De là une instabilité perpétuelle dans les institutions et dans les actes : il n'est si petit bourgeois ou si mince écolier qui ne se croie appelé à modifier la législation sur quelque point, et qui dans son cerveau ne refonde nos codes ; en aucun pays le nombre des lois ne s'est plus accru qu'en France depuis soixante ans, et nulle part le respect de la loi n'est chose plus introuvable.

Dédaignée dans la religion, dans la politique, dans les lois, la tradition trouvera-t-elle du moins un asile dans les coutumes, dans les mœurs, dans les monuments? Les premiers entre les monuments vénérables et nationaux d'un peuple ne sont-ils pas les corps illustres dans lesquels s'incarne en quelque sorte l'État avec toute ses gloires? Où sont les nôtres? J'entends parler de la décadence de Rome et comparer cette époque avec nos tristes temps, mais, durant la longue dissolution de l'Empire et jusqu'à sa ruine totale, le sénat demeura debout sur le mont Capitolin, comme pour retenir sur la pente fatale les destinées de la ville éternelle, et pour consoler les Romains de leur abaissement par un vivant souvenir de leur ancienne grandeur : et nous, quel noble débris encore debout nous instruira de la nôtre? Nous avons détruit tout ce qui avait en soi la vie et la durée, et ensuite nous avons poursuivi des noms glorieux jusque sur nos murailles qu'ils décoraient ; nous nous sommes acharnés sur des pierres. Entrez dans cette ville qui se dit la première du monde, le foyer de la civilisation et des lumières ; cherchez votre chemin par ces quais, sur ces ponts, dans ces rues dont le nom disparaît et se renouvelle chaque fois qu'il plaît à la populace d'en soulever les pavés : comment vous retrouver dans ce dédale? Et quelle idée aurez-vous du respect d'un peuple pour ses traditions historiques en le voyant lui-même effacer tous les quinze ans sur ses murs ce qu'il y lisait la veille avec orgueil, insulter aux objets de son culte, fouiller dans ses places, autour de ses monuments une terre encore fraîche et à peine raffermie, jeter au rebut ses statues [1] et en dresser d'autres aujourd'hui pour les renverser demain ?

Que dirons-nous d'un conseil-général réputé la plus éclairé de la France et qui tolère de telles choses, qui donne les mains à un semblable vandalisme, qui inflige ainsi à l'orgueil national les plus cruelles blessures, et prête à dire aux nations étrangères que la France est honteuse de son passé et qu'elle met son amour-propre à déchirer de ses mains les pages de son histoire !

Si des monuments et des grands corps de l'Etat

1. La statue d'un prince aimé du peuple et de l'armée, et qui a commandé nos soldats avec gloire en Afrique, avait été dressée dans la cour du Louvre en 1846 ; elle a été enlevée en 1848 !

nous passons aux individus, aux professions diverses et aux mœurs, que verrons-nous? Partout le même oubli ou la même ignorance de ce qui porte au respect de soi-même et des devoirs publics. Dans quelle carrière, dans quelle profession reconnaîtrons-nous aujourd'hui l'esprit de corps et cette fierté traditionnelle, trop exclusive sans doute, mais gardienne jalouse de l'honneur, et cette suite de souvenirs qui seule constituait une science? Cette regrettable lacune, cette absence de toute tradition se fait sentir dans les professions les plus modestes comme dans les plus élevées : nul ne sait, depuis le notaire de village, jusqu'au magistrat des cours souveraines, les exemples de désintéressement et d'honneur qu'ont donnés ceux auxquels il succède. Nul n'ignore, en revanche, dans notre société déclassée, bouleversée, en proie aux ambitions perverses, tout ce qui, dans le passé, est d'un dangereux exemple; chacun sait ce que rapporte, à certaines échéances, un fonds d'audace, de violence et de ruse; ce qu'a valu à celui-ci une odieuse trahison, à celui-là des attentats anonymes, à cet autre la révolte ouverte dans les rues : tout Paris, convié à son humiliation suprême, a rendu en plein jour les honneurs militaires à ceux qui sont morts en travaillant à sa ruine, et l'on a vu, la nuit, quelques soldats sans armes conduire furtivement au champ du repos, comme de vils criminels, les héroïques martyrs de l'honneur et du devoir! Voilà la tradition des mœurs! Plaie affreuse, depuis longtemps ouverte, agrandie sans mesure en 1848. Et chose enfin cruelle à dire, parmi les hommes les plus honorables, qui avec un zèle digne de toute louange, se tiennent aujourd'hui sur la brèche et défendent l'ordre et la société, y en a-t-il beaucoup qui puissent regarder en arrière dans leur vie sans quelque tristesse ou sans un regret? Représentants, magistrats, professeurs, écrivains, qui n'a porté quelque atteinte involontaire à la cause sacrée pour laquelle il combat? Quel triomphe pour nos adversaires! Avec quelle joie ils détruisent à l'avance l'autorité de nos actes et de nos paroles en cherchant à nous mettre en opposition avec nous-mêmes! Voyez celui-ci tourmenter de ses éloges, étouffer de ses embrassements un célèbre et courageux professeur qu'il accable de son perfide hommage [1]; voyez cet autre

1. Il y a entre vous et moi communauté de principes, vous partagez toutes mes opinions..... Tandis que je suis devenu, par de longues réflexions, et presque malgré mon envie, partisan de l'égalité, vous l'êtes, vous, Monsieur, avec tout le zèle de la foi; avec toute la spontanéité du génie. Voilà pourquoi votre cours au Conservatoire est une guerre perpétuelle à la propriété et à l'inégalité des fortunes. Combien de fois, de ma place, où je recueillais votre éloquente parole, j'ai remercié intérieurement le ciel de n'avoir pas permis qu'on pût vous appliquer ce mot de St-Paul : *Ils ont connu la vérité et ne l'ont pas fait connaître*. Combien de fois je me suis réjoui de trouver une justification dans chacun de vos discours. (*Lettre à M. Blanqui, sur la propriété*, par P.-J. Proudhon.)

étaler avec délices toutes ces tristes plaies de notre époque, proclamer insolemment la mort de la société et hurler d'aise en sonnant son glas funèbre [1].

Cependant, cette société française est héritière de toutes les gloires : un pays qui a eu l'insigne honneur de compter parmi ses souverains Charlemagne, saint Louis, Henri IV, Louis XIV et Napoléon, qui a produit tant d'hommes illustres et tant de chefs-d'œuvre, ne le cède à aucun autre en grands souvenirs, et, pour instruire les générations nouvelles, il suffirait des belles pages de son histoire. Mais on les cache, on les mutile et l'on tient nos grands hommes pour suspects ! Saint Louis ouvrit des écoles autour de son palais, et hier une main sacrilége arrachait son nom du portail des nôtres [2] !

La France, hélas ! a aussi dans ses annales des pages trop horribles ; ce sont celles-là que l'on choisit pour les produire au jour, voilà les souvenirs qu'on exhume et dont la foule s'enivre ! On arrache des scélérats aux gémonies pour les évoquer sur la scène et jusqu'à la tribune nationale [3] ; on donne à leurs forfaits d'héroïques excuses, on y prête des

1. *Le socialisme devant le vieux monde ou les vivants devant les morts*, par V. Considérant. 8°.

2. Le Gouvernement provisoire, parmi les actes dont le sentiment public a fait justice, a remplacé, sur la porte d'un collége de Paris, notre grand saint Louis par le géomètre Monge !

3. Séance de l'Assemblée nationale du 27 mai ; discours de M. P. Leroux.

grâces à leurs fantômes sinistres, et l'on s'habitue à regarder des monstres en face sans frémir! Voilà ce que la société est appelée à voir tous les jours, ce sont là les leçons dont elle nourrit son intelligence! Les vieilles traditions sont mortes; celles qui survivent sont des fléaux!

V.

Du caractère ou de la force morale.

On peut concevoir un peuple chez qui la plupart des éléments de prospérité feraient défaut et qui suppléerait à ce qui lui manque par l'énergie de sa force morale. Cette force, cette vertu du caractère, pour les peuples comme pour les individus chez qui elle se rencontre, est féconde en ressources inattendues: c'est le fonds qui manque le moins, elle accomplit des prodiges, et c'est dans son progrès ou dans son déclin qu'il faut chercher surtout la raison de leur bonne ou de leur mauvaise fortune.

Dans l'antiquité, à Athènes, à Sparte, à Rome, en Asie, pour expliquer, en remontant à leurs causes, les destinées si diverses de tant de peuples, on sait quelle part il convient de faire au type moral et au caractère national: et parmi les modernes, pour ne citer qu'un petit nombre d'exemples, il y a peu d'études plus dignes d'intérêt que de rechercher ce que doit la race anglo-saxonne en Europe et en Amérique à ce mélange d'ambition prudente et hardie, de sens pratique et personnel, de génie aventureux et persévérant qui la caractérise. Plus près de nous, un petit pays limitrophe, la Belgique, nous a récemment montré ce qu'un peuple peut devoir à son caractère. Les traditions nationales sont à peu près nulles en Belgique[1]: la religion y perdait de son empire [2], et la famine y sévissait lorsque la dernière révolution a éclaté parmi nous; toutes ces causes réunies n'ont pu prévaloir chez ce peuple sur l'esprit de conservation, et la Belgique a gardé ses institutions quand, autour d'elle, tout périssait. Elle a dû cet avantage, en partie sans doute au rare mérite de son roi; mais aussi et surtout à quelques excellents traits du caractère de ses habitants : le sentiment national, l'esprit d'ordre et de famille, combinés chez les Belges avec un heureux calme de tempérament, l'ont emporté sur les

1. La Belgique n'ayant formé un Etat indépendant que depuis 1830, a peu de traditions proprement dites nationales; mais elle est riche en traditions locales; elle en comprend tout le prix : elle a pour les glorieux souvenirs un respect religieux: chaque ville conserve les siens comme son trésor, et, dans les grands jours, chaque année, ils sont étalés avec une pompe patriotique aux yeux du peuple.

2. Voyez l'allocution du pape aux évêques dans le dernier consistoire secret.— Les hommes qui dirigent depuis plusieurs années les affaires en Belgique y ont toujours combattu l'influence cléricale et religieuse.

forces dissolvantes de la démagogie : ils ont pris le temps de réfléchir et ils ont été sauvés.

Avouons-le cependant; le caractère national le mieux trempé résiste difficilement à ces trop actifs dissolvants qu'on nomme les révolutions, et surtout lorsque, durant un demi-siècle de secousses et de bouleversements, les événements ont opposé de cruels démentis aux calculs de la raison la plus ferme, et aussi, je le dis avec douleur, aux suggestions pures et désintéressées de la meilleure partie de nous-mêmes. Il n'est presque personne, dans ces temps malheureux, qui n'ait été conduit ou entraîné à brûler ce qu'il avait adoré : le vrai, le bien, le juste ne se distinguent plus aussi nettement de leurs contraires ; et si alors l'avenir s'obscurcit davantage, si même le lendemain se couvre d'un voile impénétrable, le découragement se glisse dans les âmes et les mauvais penchants à sa suite : on cherche à s'étourdir; on ne consulte plus, au fond de sa conscience, la voix des principes éternels qui rend des sons de plus en plus faibles et confus, on est tout entier aux impressions fugitives du moment, on prête l'oreille à tout bruit; on a cessé d'être croyant pour devenir crédule; ce qu'on craint, ce qu'on espère, on s'imagine à tout instant le voir venir; on devient léger par prudence, on n'ose ni se passionner ni s'indigner; on a peur, en prévision du lendemain, des convictions profondes comme des liens sérieux. L'âme perd ainsi jusqu'au sentiment des choses dont elle ne sait jouir que lorsqu'elle s'y attache avec force et durée; le culte du beau s'éteint, les lettres et les arts ne sont plus un sérieux exercice de la pensée, mais un simple jeu de l'imagination, un passe-temps frivole et dédaigné : on se précipite avec fureur sur les joies grossières de l'heure présente comme si tout devait finir avec elle; on lui demande tout ce qu'elle peut donner; on veut jouir une heure, on veut vivre une heure, et on abandonne à la fortune, la société, la famille et l'Etat.

Ces mœurs ne sont point, grâce à Dieu, particulières à la France, elles se retrouvent, chez la plupart des peuples, au milieu des orages politiques ou à leur suite : on les vit à Rome au temps de Marius et de César [1], on les revit en Angleterre après les guerres civiles; elles sont, j'aime à le dire, des mœurs d'exception, dont l'influence est plus ou moins durable, plus ou moins funeste, selon les milieux où elles se produisent; mais elles créent toujours pour le caractère moral d'une nation un péril immense qui souvent la tue et auquel aussi quelquefois elle échappe.

Il y a en Europe un petit pays, la Hollande, dont le peuple fut redevable en tout temps à sa force morale de son salut et de sa gloire. Il n'y a peut-être point de page plus belle dans l'histoire que la lutte victorieusement soutenue par ce peuple contre toutes

1. Voyez un excellent parallèle entre l'époque de César et la nôtre, par M. de Langsdorf (*Revue des deux Mondes*).

les forces de la monarchie espagnole, à l'époque où celle-ci aspirait encore à la domination universelle; et, si l'on ne tenait compte de l'invincible puissance du caractère, il serait impossible de comprendre comment, avec de si faibles ressources en population et en territoire, cette nation est parvenue non-seulement à s'affranchir de l'Espagne au seizième siècle, mais à soutenir, au dix-septième, le choc des forces de la France, à balancer sur l'océan la puissance de l'Angleterre et à conquérir de vastes Etats dans toutes les parties du monde. Elle a eu aussi des révolutions sanglantes marquées par de grands crimes; mais elles n'ont laissé que de faibles traces bientôt effacées par la force du patriotisme et par l'action constante des vertus les plus recommandables. La Hollande est aujourd'hui en possession de la plupart des éléments de vie intérieure et de stabilité reconnus essentiels à la conservation des Etats, et si nous considérons les qualités plus solides que brillantes de son peuple, sa foi chrétienne, sa droiture de sens et de volonté, son profond amour du pays, son respect traditionnel pour l'illustre maison souveraine qui préside à ses destinées et dont la gloire est inséparable de la sienne, on peut prédire, sans craindre d'être démenti par les événements, que, si jamais ce pays succombe, ce sera sous une pression extérieure, et que les périls lui viendront du dehors beaucoup plus que de lui-même.

Et nous! quel sort nous attend? Echapperonsnous aussi aux suites funestes de nos agitations? Espérons tout si nous sommes unis; mais que de périls à surmonter dans nos vices et jusque dans nos vertus!

Nous sommes encore les Gaulois de César, ardents à entreprendre et à renverser, inhabiles à réparer nos revers et à persévérer : nous sommes généreux mais imprudents, sympathiques pour les douleurs d'autrui mais incapables de sonder nos propres plaies, prompts à oublier pour nous dispenser de prévoir, impatients de tout frein, même de ceux que nous nous donnons, et de toute supériorité individuelle, fût-ce même celle de la gloire : et pourtant il n'y a point de peuple aussi jaloux de l'indépendance et de l'honneur national, aucun ne déploie plus d'activité ni plus d'intelligence, aucun plus que nous n'est redoutable par le nombre comme par la bravoure : aussi sommes-nous plus près de périr par nos mains que par celles de l'étranger : nos périls sont en nous-mêmes, et, si nous tombons en proie à de nouveaux barbares, c'est de notre sein qu'ils sortiront.

VI.

De l'instruction publique et des concours.

Dans les pages qui précèdent, nous avons rapidement passé en revue les principaux éléments des forces naturelles de notre société considérées indépendamment des institutions et des pouvoirs publics : ces forces diverses, empruntées aux conditions matérielles des classes nombreuses, aux croyances, aux bonnes traditions, au caractère national et aux mœurs, pourraient sans doute encore, sous une main habile et ferme, et à l'aide de lois excellentes, concourir en France à l'affermissement de l'ordre et à la conservation de l'État; mais nous avons reconnu que, livrées à elles-mêmes ou à l'influence des mauvaises passions, elles ne protégeront pas suffisamment la société et n'opposeront point le degré de résistance nécessaire aux forces qui tendent à la dissoudre.

Examinons maintenant quelques-unes de nos plus importantes institutions et recherchons quelles sont les forces avec lesquelles leur action se combine, si celles-ci ont pour effet de conserver ou de détruire?

Voyons d'abord la grande institution qui, au besoin, pourrait tenir lieu de la plupart des autres, celle qui a pour objet l'éducation publique et l'instruction de la jeunesse.

J'éprouve ici un sérieux embarras : ce sujet demanderait un volume, il est immense et je n'ai pas toute l'expérience nécessaire pour le traiter comme il convient : une loi récente, d'ailleurs, appelle dans un court délai sur cette question, un examen solennel; et, dans l'attente respectueuse des décisions du conseil supérieur, je sens que je dois, autant que possible, éviter de les préjuger : je me bornerai donc à présenter quelques aperçus et à étudier la question au point de vue politique et social.

L'illustre Portalis disait, il y a plus de quarante ans : « Si l'on compare ce qu'est l'instruction publique avec ce qu'elle devrait être, on ne peut s'empêcher de gémir sur le sort qui menace la génération présente et les générations futures[1]. »

Depuis que ces paroles ont été prononcées, l'Université a été fondée à peu près telle que nous la voyons encore ; on a créé un corps enseignant qui a compté parmi ses membres les savants et les littérateurs les plus célèbres ; l'enseignement supérieur, enfin, a jeté beaucoup d'éclat et laisse aujourd'hui peu de chose à désirer[2] : mais l'enseignement le plus essentiel, l'enseignement moyen me paraît à modifier dans presque toutes ses parties ; les paroles de Portalis lui seraient encore, à quelques égards, applicables, et le fondement principal lui a toujours manqué.

Osons dire hautement ce qu'on a trop méconnu :

1. Rapport sur l'instruction publique.

2. On pourrait signaler quelques lacunes dans l'enseignement supérieur ; mais la France a le droit d'être fière des illustres professeurs de ses Facultés. Ils sont depuis trente ans une de ses gloires les plus pures, et j'ai le bonheur d'en connaître quelques-uns auxquels il m'est doux de rendre cet hommage.

non, il n'est pas vrai qu'il suffise de donner à l'homme des lumières pour le rendre meilleur. Développer ses idées, c'est accroître à proportion ses désirs, et l'instruction apporte à la moralité infiniment plus de dommage que de profit si, tandis qu'elle cultive l'intelligence, elle laisse le cœur presque sans culture. Il importe, en un mot, que le développement moral de l'homme soit toujours au niveau de l'instruction qu'on lui donne[1]; or, point d'éducation morale sans base religieuse et point de base religieuse si elle n'a son appui sur le dogme et dans la foi.

L'Eglise conserve chez nos voisins, sous son patronage presque exclusif, les plus grands établissements d'éducation publique; la plupart des institutions de ce genre, dans les communions dissidentes, sont en Angleterre des fondations pieuses, et la haute direction de l'enseignement y est communément laissée aux ministres de chaque culte. Ceux qui s'obstinent

1. *Non vitæ sed scholæ discimus.* Senèq., *Epist.* 106.

Il ne faut pas attacher le savoir à l'âme, il faut l'y incorporer; et, s'il ne la change, et méliore son état imparfait, certainement il vaut beaucoup mieux le laisser là. C'est un dangereux glaive, et qui empesche et offense son maistre, s'il est en main foible, et qui n'en sache l'usage: *ut fuerit melius non didicisse....* Nous nous enquerrons volontiers: sçait-il du grec ou du latin? escrit-il en vers ou en prose? mais s'il est devenu meilleur ou plus avisé, c'était le principal, et c'est ce qui demeure derrière. (Montaigne, livre I, ch. 24., *Du Pédantisme.*)

à détruire cet état de choses me paraissent frappés d'un étrange aveuglement, et cette tendance est surtout remarquable dans les pays constitutionnels : le parti le plus exclusivement dévoué à la défense des libertés, et à qui le frein de la religion serait le plus nécessaire, se montre, tout à la fois, le plus ardent promoteur de l'instruction dans toutes les classes et le plus persévérant adversaire de l'influence religieuse : que fait-il en cela sinon, d'une main, attiser le feu sous la vapeur, et, de l'autre, diminuer et affaiblir les parois du vase où elle bouillonne ?

Ce parti commet un anachronisme énorme, il ne se trompe guère que de trois siècles : il redoute pour notre âge le fanatisme religieux et semble nous croire aux jours de la Ligue et à la veille d'une Saint-Barthélemy : il essaie déjà ses forces en Hollande, sa victoire est encore disputée en Belgique ; en France elle est trop complète : nous commençons à le reconnaître, nous regrettons la puissance de l'élément religieux dans l'éducation : nous voulons, et avec raison, essayer de reconstruire par les lois ce que les lois et les mœurs ont détruit. Mais que sont devenues ces innombrables fondations dont quelques-unes remontaient à plusieurs siècles et qui ont élevé tant de fortes générations ? Elles ont été confisquées, englouties dans le gouffre du déficit, au profit du trésor de l'État aux abois, et au grand préjudice du trésor des mœurs et des bonnes doctrines qu'elles entretenaient parmi nous. Qui nous les rendra ? Que dis-je ?

des âmes chrétiennes nous les rendraient, qu'elles seraient peut-être repoussées par nos lois: mais en admettant qu'on tolérât leurs bienfaits, où seraient les hommes en état de répondre à la pensée des fondateurs? On ne fait pas des Oratoriens: on peut faire d'habiles logiciens et de savants professeurs chez qui l'ambition sera trop souvent au niveau de la science ; on ne fait point des hommes qui aiment la science pour elle-même, aux yeux desquels la tâche laborieuse de l'enseignement est une mission sainte, et qui, dans les succès de ceux qu'ils instruisent, ne cherchent point leur propre gloire. On fait des hommes qui excellent à orner leurs leçons de tous les prestiges de l'éloquence; il est moins aisé d'en faire dont les actes soient plus éloquents que les paroles, et qui, à ceux auxquels ils veulent inspirer la piété, l'abnégation, le dévouement, donnent la leçon que Platon disait seule efficace, celle de l'exemple. De tels hommes ressemblent à ces plantes rares qui ne croissent que dans un sol qui leur est spécialement propre, et la bonne odeur qu'ils répandent est le produit combiné de la foi, des traditions, des habitudes et des mœurs.

Il ne suffirait point de les voir renaître parmi nous, la société française les a possédés et ne les a point compris, et elle a perdu par ses fautes tout le fruit qu'elle pouvait s'en promettre. Quelle leçon le dernier siècle nous a donnée! et quel exemple! Il existait alors de nombreuses maisons dirigées par de[illegible] mes voués pour la vie, par conscience et par devoir au ministère sacré de l'enseignement ; mais déjà, de toutes parts, l'incrédulité, maîtresse des âmes, soufflait sur la société le vent de la révolte et de la destruction ; le langage du siècle ruinait, au foyer de la famille, la salutaire influence de la maison d'éducation, et, de ces pieuses retraites, on a vu sortir des monstres !

Les temps sont changés, et, si la croyance est faible, du moins il n'y a plus contre la religion ni haine, ni colère : on est tout surpris d'une victoire regrettable, et l'on mesure avec effroi le vide qu'elle a produit : en cela les temps sont meilleurs, et partout sans doute où ces tendances se manifestent, il y aurait lieu d'attendre de bons fruits de l'éducation, en demandant à celle-ci des chrétiens sincères et des citoyens utiles. Mais comment approcher du but avec un mode d'enseignement qui ne donne presque plus rien au développement religieux, à l'âge où il serait le plus nécessaire de l'accroître et de le fortifier ?

Prenez leçon du père Gérard de Fribourg, voyez comme il réussit à inculquer dans l'esprit de ses élèves une morale toute chrétienne et une multitude de notions excellentes par le simple enseignement de la langue maternelle [1]. Que de tableaux animés, in-

1. *De l'enseignement de la langue maternelle dans les écoles et les familles*, par le P. G. Girard, ouvrage couronné par l'Académie française. 1844.

téressants, propres à éclairer l'intelligence, à toucher le cœur, à former un goût pur et un sens droit pourraient être extraits des plus belles pages de nos bons auteurs ! Avec l'étude graduée ainsi faite de la langue, marcherait simultanément celle des sciences, non au moyen des nomenclatures sèches et stériles aujourd'hui en usage, mais enseignées principalement en vue de donner une haute idée de la magnificence des plans du créateur, de sa bonté, de sa sagesse manifestées en toutes choses, dans le germe de la plus humble fleur, dans l'organisme du vil insecte que nous foulons aux pieds, et jusque dans l'harmonie des sphères célestes qui resplendissent sur nos têtes. L'histoire, dans ce programme nouveau, serait surtout étudiée au point de vue moral ; son enseignement ne consisterait plus à charger la mémoire d'une multitude de noms et de dates qu'on a hâte d'oublier et dont il ne reste rien, mais à faire voir presque toujours, dans l'ensemble et dans l'issue des événements humains, la confusion des grands coupables, la vanité des œuvres qui reposent sur la violence et sur l'injustice et surtout à familiariser les jeunes générations avec les hommes qui, en tous temps et en tous pays, ont donné l'exemple de la fidélité à la foi jurée, de la constance dans les épreuves, du dévouement au pays, de la soumission entière à la sainte loi du devoir [1].

1. Il pratiquera, par le moyen des histoires, les grandes âmes des meilleurs siècles... Que mon guide se souvienne où vise sa

Si un haut tribunal n'était prochainement appelé à traiter ces questions et si celles-ci n'étaient, en quelque sorte, étrangères à mon sujet, j'oserais indiquer quelques voies nouvelles, je signalerais surtout comme un besoin urgent un changement complet en ce qui concerne l'étude des langues anciennes, qui commencerait sans inconvénient beaucoup plus tard [1], qui pour être entreprise avec ardeur par quelques-uns doit cesser d'être imposée à tout le monde, et dont il conviendrait de ne faire qu'une prépara-

charge, et qu'il n'imprime pas tant à son disciple la date de la ruine de Carthage que les mœurs d'Hannibal et de Scipion; ni tant où mourut Marcellus, que pourquoi il fut indigne de son devoir qu'il mourût là. (Montaigne, *ubi suprà.*)

1. L'étude de la religion, de la morale, de la langue française, de l'histoire et de quelques sciences mathématiques et naturelles, en y joignant le dessin, la musique et la gymnastique, composerait utilement le fond commun A TOUS jusqu'à quinze ans, et suffirait pour les jeunes gens destinés aux professions non littéraires ou savantes. Il serait, selon moi, à souhaiter que le plus grand nombre des maisons où cette instruction serait donnée fussent dirigées par les ministres d'un des cultes reconnus par l'Etat. Au terme de ces premières études, trois ans consacrés plus particulièrement aux langues anciennes, à la rhétorique et à la philosophie, pourraient mettre les élèves destinés aux professions savantes en état de suivre des cours de théologie, de droit ou de médecine, ou enfin ceux de l'école normale supérieure, dans laquelle les études grecques et latines seraient poussées plus loin.

tion pour un petit nombre de carrières spéciales [1].

Je pourrais développer ici tout un système et le soumettre à l'appréciation de juges compétents, mais ce serait peu de montrer le but ou même d'y rallier

1. Je me réjouis de voir l'opinion que j'ai depuis vingt ans sur ce sujet partagée aujourd'hui par un grand nombre d'hommes distingués; mais je serais désolé qu'on pût l'attribuer à une idée préconçue contre les langues de l'antiquité, ou au dédain pour leur magnifique étude. C'est, au contraire, parce que celle-ci m'est chère et même sacrée, que je ne voudrais pas qu'on en fît un abus. C'est une opinion générale dans le corps enseignant que l'étude du grec et surtout du latin, est nécessaire pour rendre celle du français profitable. Il y a en ceci, à mes yeux, un mélange d'erreur et de vérité : oui, sans doute, pour faire des littérateurs consommés et de grands écrivains, l'étude des langues anciennes est d'une incontestable utilité; mais elle n'est en aucune façon indispensable pour qu'une connaissance suffisante des bons ouvrages écrits dans leur langue soit donnée aux hommes du monde et forme leur goût et leur style dans une mesure juste et convenable. En toute chose, d'ailleurs, le résultat est à considérer : or, à fort peu d'exceptions près, le résultat de l'étude du grec et du latin est complètement nul pour tout étudiant qui ne croit pas à son utilité, et il est impossible qu'un grand nombre en soient convaincus, lorsqu'ils entendent chaque jour leurs parents la mettre en doute. Il y a des courants contre lesquels il n'est pas sage de lutter; il en est du grec et du latin comme de la religion : le collége ne peut rien contre l'influence de la famille. Je tiens pour certain que, dans l'état actuel des choses, les quatre-cinquièmes des élèves arrivent machinalement au terme de leurs études sans aucun résultat efficace pour eux-mêmes, mais non sans les plus grands dangers pour la société.

l'opinion : la routine en matière d'enseignement est puissante et les réformes nécessaires ne seront faites que si elles sont acceptées par quelques hommes éminents qui auront su s'affranchir du triple lien des préjugés, des habitudes et des intérêts. Il s'en rencontrera, je l'espère, mais aux maux dont je parle, il n'est pas de prompts remèdes, et la France, je le crains, verra longtemps encore ses fils passer indéfiniment, sans distinction d'aptitude, et sans relâche, du latin au grec, du thème à la version et de la version au thème. Apprendront-ils, chemin faisant, du divin Platon, qu'une longue pratique de la philosophie et des affaires et cinquante ans d'âge sont nécessaires pour gouverner les États [1]; que pour établir un bon gouvernement, il faut que la condition première des hommes appelés au pouvoir soit meilleure pour eux que celles que le pouvoir leur fera [2]; ou enfin que l'égalité véritable doit être établie entre les citoyens par un partage inégal en soi, mais proportionné à chacun [3]? Leur montrera-t-on dans Aristote qu'un revenu est nécessaire pour être admis à l'assemblée générale des citoyens [4], et que la démocratie a sa source dans cette grande erreur, qui consiste à dire que les hommes étant égaux à quel-

1. Platon, *Rép.* liv. VII.
2. Platon, *Rép.* liv. VII.
3. Platon, *Les Lois*, l. VI.
4. Aristote, *Politique*, III, 7.

ques égards, le sont d'une manière absolue en tout[1]? Leur fera-t-on voir, enfin, dans Aristophane, que le pire des tyrans et le plus stupide c'est la multitude[2]? Je le désire, mais j'en doute, et j'ai peur qu'ils continuent longtemps encore à juger de l'état monarchique par la Rome des Tarquins, de l'état démocratique par les beaux jours de Periclès, et qu'ils soient instruits à admirer le communisme dans les institutions trop vantées de Lycurgue, et à étouffer la nature avec la mère du jeune Spartiate.

Quoi qu'il en soit cependant, ceux-là, il est permis de l'espérer, ne resteront pas complètement étrangers aux véritables notions du beau et du bien; ils emporteront du collége, dans leur mémoire, quelque murmure des chants divins de Virgile et d'Homère, ou quelques échos des pages sublimes de Platon, de Bossuet et de Fénelon : mais que deviendront les infortunés voués aux chiffres dans un âge encore tendre, par les exigences souvent si déraisonnables du programme des écoles de l'Etat, et rendues cruelles par les rigueurs d'une concurrence sans limites? La plus large part y est faite aux sciences mathématiques, et cela sans doute par suite des fausses idées si en faveur à la fin du dernier siècle. Je ne sais point d'erreur plus grande ou de préjugé plus fatal que de croire à la vertu de ces sciences, pour redres-

1. Aristote, *Politique*, V. 1.
2. Aristophane, *les Chevaliers, etc.*

ser ou pour fortifier en nous le jugement. Que d'exemples du contraire pourrions-nous citer depuis vingt-ans! Ne voit-on pas que la société ne se gouverne point comme une machine[1]; que l'étude des mathématiques qui fortifie dans notre intelligence la faculté de déduire en toute chose avec une rigueur absolue, au moyen du raisonnement, n'apporte aucun aide à cette faculté supérieure qu'on nomme LA RAISON, et qui consiste à discerner les cas où la déduction rigoureuse est un bien, de ceux où elle est un fléau?

Les faits sociaux résultent d'une multitude de causes variables et souvent inconnues, et donnent à la logique un fréquent démenti : l'inflexibilité des procédés mathématiques leur est rarement applicable, et les habitudes que ceux-ci font contracter à l'esprit, transportées dans la pratique des affaires, tendent à fausser le jugement beaucoup plus qu'à l'éclairer[2].

1. « Non ce n'est point une machine ordinaire qu'une *machine* qui pense et qui souffre, dans le jeu de laquelle entrent les passions et les préjugés. Insensés novateurs, tremblez donc de confondre la politique avec les sciences qui s'exercent sur des corps inertes. La *matière* que vous jetez dans vos creusets est une matière vivante; elle crie et il en sort du sang et des pleurs. »
(Joseph Droz, *Hist. du règne de Louis XVI.*)

2. Les Français ont en général l'esprit subtil et logique, ils excellent (la majeure étant donnée) à poser la mineure et à déduire une conclusion rigoureuse, mais c'est la MAJEURE qu'ils

Que sera, je le demande à nos faiseurs de programmes, que sera comme chrétien et comme citoyen, l'enfant dressé à peu près exclusivement de-

posent mal, et voilà ce que toutes les sciences mathématiques ne leur apprendront pas.

Exemple :

M. Charras, élève de l'Ecole polytechnique, prend pour point de départ cette majeure : LA FRANCE EST UNE DÉMOCRATIE :

Or, dit-il, dans une démocratie, tous les citoyens étant égaux doivent être admissibles aux écoles du gouvernement sans autre distinction que celle du mérite : donc, l'admission à ces écoles doit être gratuite.

La véritable *majeure*, la majeure raisonnable serait :

LA FRANCE EST UN ÉTAT, ET LA PREMIÈRE LOI D'UN ÉTAT C'EST DE VIVRE :

Or, un État ne peut subsister si les lois excitent toutes les ambitions, sans aucune proportion avec le moyen de les satisfaire : l'admission gratuite dans les écoles du gouvernement aura ce résultat : vous n'y ferez pas entrer un sujet de plus ; vous présenterez un appât trompeur à 10,000 familles, vous les exciterez à faire des sacrifices au-delà de leurs moyens, vous préparerez à 9,000 d'entre elles une amère déception et vous aurez créé 9,000 ennemis de plus à la société : donc, l'admission aux écoles de l'État ne doit pas être gratuite.

On compte cette année à Paris, et dans le seul département de la Seine, 650 inscriptions pour Saint-Cyr, 150 pour l'École normale, 500 pour l'École polytechnique. C'est pour un seul département plus du double du nombre admissible pour toute la France. Ce résultat dispense de tout commentaire. L'étrange logique que celle qui, pour mieux ordonner une maison, commence par la faire sauter !

puis 13 ans jusqu'à 17, à la tâche ingrate et sèche de tracer des lignes, de résoudre des équations et de mesurer des angles? Encore s'il touchait au but! Mais pour quelques-uns qui arrivent au port, que de milliers font naufrage!

Ceci touche au système des concours, et au point où cette manie a été portée, je n'en sais pas de plus dangereuse.

Débordée par les influences parlementaires devant lesquelles, si l'on est faible une fois, on le sera toujours, l'administration sous la monarchie a tout mis au concours, afin de se dérober, du moins dans de certaines limites, à d'impérieuses obsessions et aux charges d'une liberté trop onéreuse. Il y eut concours ouvert, non-seulement pour l'armée, pour la marine, pour les professions savantes, mais aussi pour les consulats, pour les eaux et forêts, pour les hôpitaux, pour les surnumérariats dans tous les services; et afin de diminuer, s'il était possible, le nombre des concurrents, les programmes furent chargés d'une multitude de questions de luxe, souvent même étrangères aux professions que les concours devaient ouvrir [1].

Le gouvernement crut échapper à un embarras, et il se précipita dans un inconvénient beaucoup plus

1. M. Ferdinand de Lasteyrie a dit à la tribune nationale avoir entendu interroger sur les questions les plus ardues de la métaphysique, dans un concours pour un emploi d'expéditionnaire dans je ne sais quel obscur bureau.

grave, il créa un double péril à la société. Séduites par des facilités plus apparentes que réelles, les familles donnèrent plus d'attention aux conditions des épreuves à subir, qu'au nombre fort limité des admissions à faire : elles ne comprirent pas qu'il ne suffirait point de devenir admissible pour être admis, qu'une infinité de candidats capables seraient, par la seule force des choses, rejetés loin du but, et que, là comme en tout, une certaine part serait faite à la faveur dont l'influence, pour être plus cachée, n'en serait pas moins certaine. Sous le charme funeste de semblables illusions, une multitude de pauvres familles firent et font tous les jours d'incalculables sacrifices pour une bonne chance à la grande loterie des carrières publiques ; elles consument de la sorte au grand préjudice de leurs enfants, un temps précieux et des ressources dernières qui, employées avec discernement, leur ouvriraient, dans le commerce ou dans l'industrie, une voie meilleure et d'un accès moins difficile.

D'autre part, les rangs inférieurs dans beaucoup de carrières, furent ainsi peuplés d'individus à prétentions sans bornes, diminutifs de savants, qui se crurent fort supérieurs à ceux que la hiérarchie mettait au-dessus d'eux dans leur profession, et à leur profession même : de là, dans la plupart, un mécontentement toujours dangereux, et, dans beaucoup, une attention plus grande à s'élever au-dessus de leur emploi qu'à en remplir les devoirs. Voyez, entre autres programmes, celui de l'examen pour l'admission dans les *eaux et forêts*. Quel étalage! Quel luxe de demi-connaissances! Qui croirait qu'il fallût devenir un encyclopédiste au petit pied, pour aspirer à être garde dans les bois, et pour l'être vingt ans [1]!

Que dire aussi de cet établissement célèbre, où l'on épuise la sève de tant de jeunes plantes longtemps avant l'heure de la floraison? de cette école fameuse qui fait avorter par lassitude plus d'intelligences peut-être qu'elle n'en féconde? Les résultats parleraient assez haut, si les yeux n'étaient tenus obstinément fermés, si les préjugés n'étaient plus forts que l'évidence.

Descendons de ces hauteurs, entrons ensemble dans une de ces maisons plus modestes, créées surtout en vue de l'éducation du pauvre et qui appellent aujourd'hui sur elles l'attention justement inquiète du pouvoir. Visitons l'école Normale primaire et parcourons la série de matières que l'on y enseigne. Nous y verrons figurer grammaire, histoire, dessin , arith-

1. Dans un écrit anonyme publié par moi il y a cinq ans, j'ai donné le long programme des connaissances mathématiques exigées d'enfants de quinze à seize ans pour être admis à l'*École navale* et je crois avoir réussi à démontrer que les candidats les mieux nés pour la science pure et abstraite seraient toujours vainqueurs dans les concours où les sujets les mieux organisés par la nature pour le rude métier de marin seraient toujours battus. (Voy. *Les Écoles de la marine*, comptoir des Imprimeurs-Unis, 1845.)

métique, géométrie, physique, chimie, histoire naturelle et que sais-je encore? Et vous voulez que ceux à qui vous aurez enseigné tout cela redeviennent villageois au village! Vous en avez fait de petits personnages par la science et vous leur accordez le sort du paysan; et vous demandez que leur regard ne dépasse pas l'horizon de leur clocher; et vous entendez qu'ils instruisent l'enfant du peuple à trouver bonne et à aimer une société qu'ils trouvent eux-mêmes trop étroite pour leur mérite; et vous voulez qu'ils se tiennent pour satisfaits! Commencez donc par en faire des saints; et si vous échouez en cela, cessez d'exiger d'eux ce dont vous-mêmes seriez peu capables, et subissez les conséquences de votre folie.

Cette fièvre d'irritation morale, ces souffrances de l'ambition mécontente et déçue existent, n'en doutez pas, dans des rangs beaucoup plus élevés du corps enseignant [1] : quiconque a triomphé dans les rudes épreuves de l'aggrégation pour les lettres ou pour les sciences, se voit déjà en Sorbonne : ne lui demandez plus de poursuivre chaque jour, avec le même zèle, le solécisme et le barbarisme dans la classe de l'obscur collége: il aura vu la grande ville, il aura fréquenté quelques habiles gens plus remplis de savoir-faire que de vrai savoir; et il aura compris que les deux indispensables auxiliaires de l'ambition sont la résidence à Paris et le journalisme. Alors, malheur

1. Voyez à ce sujet l'excellent travail publié par M. Albert de Broglie (*Revue des deux mondes*, novembre 1849).

à lui, s'il n'est doué d'une de ces âmes d'élite, d'un de ces esprits délicats et purs pour lesquels il y a encore quelque chose d'attrayant, de grand et de désirable au-delà de ce que prise et poursuit le vulgaire. Adieu son repos et ses joies : il se sera fait dans ses idées une révolution complète, il sera devenu un homme nouveau : l'étude, la science, les lettres ne seront plus pour lui un but, mais un moyen ; s'il songe encore à acquérir de l'honneur dans sa profession, c'est afin d'en sortir. Il lui faut un grand théâtre ; n'a-t-il point appris en régentant sa classe à gouverner le monde? il ne rêve plus qu'influence politique ; et les plus belles couronnes littéraires pâlissent à ses yeux devant les plus minces succès de tribune : contagieux exemple! et qui afflige nos yeux dans les régions les plus hautes! Que deviendra, je vous prie, l'amour de l'art, le respect des lettres et de la science, lorsque ceux mêmes qui les cultivaient avec honneur les dédaignent et les désertent?

Si tel est le spectacle que nous donnent souvent les hommes qui sont sortis vainqueurs des épreuves, et dont les efforts ont été payés par le succès ou même par la gloire, que dirons-nous des vaincus, de ceux qui auront échoué dans les concours, ou dont les noms seront demeurés inconnus! Quel frein retiendra tous ces êtres déclassés, irrités de leurs défaites, de leur impuissance et de leur misère! Quel respect auront-ils pour ceux qu'ils verront en possession des avantages dont ils se jugeaient également dignes, et quelle estime feront-ils des trésors de l'intelligence humaine, après les avoir vus si vainement, si fatalement prostitués à leur usage! Vienne pour eux l'heure du triomphe! que le pouvoir s'égare dans leurs mains, et leur sauvage fureur confondra dans une même vengeance tout ce qui s'élèvera au-dessus d'un niveau brutal, et le rang et la fortune, et l'art et la science, et l'on verra s'accomplir cette célèbre prophétie prononcée par Burke, il y a soixante ans : « Le savoir sera mis dans la boue, et sera foulé sous les sabots d'une multitude grossière [1]. »

Je me résume :

L'éducation morale et chrétienne n'a pas aujourd'hui, à beaucoup près, une part suffisante dans le temps consacré aux études.

L'enseignement classique et littéraire, le même pour tous, sans égard, soit à l'aptitude des élèves, soit à leur destination à la sortie du collége, tend à les précipiter indistinctement vers les carrières libérales, et rend impropres à toute chose ceux à qui ces carrières demeurent fermées [2]. Le résultat de cet

1. *Considérations sur la Révolution française*, par Edmond Burke, 1792.

2. « Voyez-le revenir de là après quinze ou seize ans employés, il n'est rien si mal propre à mettre en besogne; tout ce que vous y reconnaissez davantage c'est que son latin et son grec l'ont rendu plus sot qu'il n'était parti de la maison. Il en devait rapporter l'âme pleine, il ne l'en rapporte que bouffie.

(Montaigne, *ubi suprà.*)

enseignement est presque nul pour le plus grand nombre, qui, à la sortie du collége, ne savent ni les langues anciennes, ni la leur.

Le système des concours, tel qu'il est en usage aujourd'hui, ajoute beaucoup au mal, il excite sans mesure toutes les ambitions et tend à multiplier d'une manière indéfinie, la classe la plus dangereuse pour l'ordre social.

La société ne peut attendre de bons fruits que d'un système entièrement opposé, et l'établissement de celui-ci me paraît être le besoin le plus urgent, la condition la plus nécessaire de l'existence d'une société bien assise et bien ordonnée.

VII.

Des ennemis de l'ordre social.

Les ennemis les plus dangereux de la société, les nouveaux barbares les plus acharnés à la détruire ne sont point où l'on croit souvent les voir : ils ne sont pas dans les classes ouvrières. Je ne flatterai point ces classes : j'honore, il est vrai, je tiens pour dignes de respect et d'une sollicitude infinie les hommes qui subsistent honnêtement du fruit quotidien de leur rude labeur, qui apportent à leur famille la bénédiction du travail, de l'épargne et de l'exemple, limitant, autant que le permet l'humaine faiblesse, leurs prétentions à leurs lumières et leurs désirs à leurs besoins, et qui, l'heure de l'épreuve venue, savent la supporter patiemment, héroïquement, prêts à verser leur sang pour la société dont ils sont membres, pour leur pays où ils souffrent : ces hommes-là, je n'hésite point à le reconnaître, sont fort supérieurs à ceux qui n'ont pour toute distinction que celle de la puissance ou même du génie.

Mais dans ces classes que l'on nomme si improprement déshéritées, que de vices odieux et brutaux engendrent la misère et la honte ! que d'hommes sont ainsi les propres auteurs de leurs maux ! combien, par l'habitude de la débauche et du blasphème, effacent en eux l'empreinte de l'image divine et se ravalent au-dessous de la brute ! Et pourtant, ce ne sont point encore ceux-là, tout voisins qu'ils soient de la barbarie, que je désignerai plus spécialement comme nos modernes barbares, comme les plus implacables ravageurs et démolisseurs de la société. Il en est peu, parmi ces hommes dégradés, qui ne tiennent encore à elle par quelque fibre du cœur, par quelque souvenir de la famille, du hameau natal ou des champs paternels ; non ce ne sont point eux, quoique faciles à entraîner, qui ont entrepris contre la société une croisade parricide ; ce ne sont point eux, tout étrangers qu'ils soient à la civilisation, qui poursuivent systématiquement sa ruine et qui ont fait vœu de substituer à l'ordre social je ne sais quel état sauvage et sans nom.

Vous connaissez nos barbares, si vous avez lu les pages qui précèdent, et vous les voyez à l'œuvre : ils se rencontrent surtout et ils ont leurs chefs dans cette foule d'hommes déclassés à qui leurs familles, stimulées par l'ambition et par l'impolitique rigueur des programmes dans toutes les carrières libérales, ont imprudemment donné une instruction supérieure, sans aucun moyen de leur en assurer le bénéfice, et qui, incapables de vivre honorablement de leur esprit, sont devenus impropres à subsister de leurs mains; ce sont ceux en qui le saint amour du pays n'a été nourri, développé, ni par la religion du foyer domestique, ni par le respect traditionnel des lois, ni par les souvenirs du lieu natal, et chez qui la culture du cœur n'a point accompagné celle de l'intelligence : ceux-là, quand seront détruites les illusions dont ils se bercent, quand ils perdront l'espérance d'arriver au but par des voies légitimes, rendront l'ordre social responsable de la folie des auteurs de leurs jours ou de leur propre impuissance.

Beaucoup ont fait contre la société le serment d'Annibal; n'attendez d'eux ni trêve ni merci : tribu nomade et comme sans patrie sur le sol qui les a vus naître et où ils cherchent une proie, leur orgueil a grandi par le souvenir d'humiliations poignantes, et mesurant leur mérite à l'immensité de leurs désirs, ils se croient dignes de tout obtenir parce qu'ils convoitent toute chose : ils ont mis au service de leur ambition et de leur colère cet art des mots et des formules inflexibles, cette dialectique subtile [1], cette puissance d'argumentation syllogistique et mathématique, seule chose qu'ils aient apprise, seul fruit qu'ils aient retiré de leurs trop funestes études. Habiles d'ailleurs à prendre tous les rôles et sanctifiant les moyens par le but, ils vanteront la liberté en s'efforçant de tout asservir, l'égalité en s'élevant au-dessus de tous, la fraternité en rêvant la guerre. Ils n'épargneront aucune peine, aucun effort pour se grandir : interprètes du peuple souverain, disent-ils, sa force est avec nous; représentants du progrès, l'avenir nous appartient ; en possession de l'idée initiatrice, nous sommes invincibles, car aucune force n'est forte contre l'idée.

Abus de paroles et mensonges! Quel peuple vous a donné son mandat? De quel progrès êtes-vous les précurseurs, et quelle idée neuve apportez-vous dans le monde? Une haute individualité est sans doute un des traits du génie; mais sa puissance consiste moins à avoir des pensées qui lui soient propres, qu'à exprimer d'une manière neuve et excellente des pensées qui soient à tout le monde: *propriè communia dicere*. Produisez vos idées, téméraires novateurs; voyons si

1. Les jeunes gens, dit Platon, semblables à de jeunes chiens, harcèlent et mordent, avec la dialectique, tous ceux qui les approchent, et finissent par ne plus rien croire des choses où il avaient foi. (*Rép.*, liv. VII.)

au fond de ces innombrables systèmes qui fermentent dans vos ardents cerveaux, il y aurait par hasard quelque chose digne du nom d'idée, qui vous fût propre et qui fût aussi avoué de tous.

Serait-ce la mise en commandite de la France par M. de Girardin, à l'instar d'une vaste maison de commerce, où la responsabilité des volés pour les voleurs, des bons pour les méchants, dans la famille, dans la commune et dans l'État[1] ? Serait-ce le droit au travail de M. Louis Blanc, sans accroissement proportionnel et assuré de débouchés pour les produits ; ou plutôt l'égalité des salaires, sans le stimulant du besoin pour la paresse ? Serait-ce enfin le paradis sans Dieu de M. Cabet ou le crédit sans capital de M. Proudhon[2] ? Y a-t-il un seul de ces systèmes en faveur duquel la conscience publique ait témoigné par ce cri précurseur des révolutions durables : *La vérité est là!* Tous se contredisent, et deux traits communs seulement s'y rencontrent entre mille contradictions, savoir : l'excitation à l'assouvissement de tous les appétits légitimes ou coupables, et, il faut le dire aussi, l'apparence d'un louable effort pour accroître la somme des jouissances matérielles du grand nombre. C'est par là que le socialisme est le plus redoutable, car c'est ainsi qu'il est parvenu à séduire beaucoup

1. *La Presse*, 10 mars et 13 juin 1849. — *Journal d'un Journaliste au secret*.—*Bon sens et bonne foi*, par M. E. de Girardin.

2. *Résumé de la question sociale. Banque d'échange*, par P.-J. Proudhon.

d'âmes candides, à entraîner des cœurs généreux et crédules.

Votre idée, dites-vous, est l'abolition de la misère, c'est la participation des pauvres, de tous les pauvres, et la vôtre bien entendu, à l'aisance, à la richesse et aux satisfactions qu'elles procurent. Mais l'idée, en théorie politique ou sociale, ce n'est pas l'aspiration au bonheur [1], ce n'est pas même l'expression du bien désirable, c'est la conception du bien possible, c'est la formule pour le réaliser : l'image d'un but sans les moyens d'y atteindre, ce n'est qu'un rêve, et des rêves ne sont pas des idées.

Vos sombres élucubrations tendent en réalité, les unes à faire violence aux lois naturelles par un système d'égalité absolue auquel la nature donne un perpétuel démenti, les autres à mettre en oubli toute justice, en violant des droits acquis, consacrés par le temps et par le consentement unanime [2], et presque toutes aboutiraient à substituer à la famille je ne sais quelle association chimérique ou quelle communauté barbare ; à tuer, enfin, toute liberté en constituant au

1. Le *socialisme* est une aspiration immense, irrésistible, vers un ordre social qui résolve le problème de *la transformation du salaire*, dernière forme de la dépendance. — Considérant, *Le socialisme devant le vieux monde*, 8°, p. 28.

2. Voyez à cet égard les tristes arguments entassés par M. Proudhon dans ses deux Mémoires sur la propriété. Je ne connais pas de plus grand abus de l'argumentation mathématique.

nom de tous un despotisme inouï, seul capable de dompter la révolte légitime du droit méconnu et de la nature outragée.

Ecoutez un de vos maîtres : « Les moyens jusqu'ici proposés, dit M. Lamennais, pour résoudre le problème de l'avenir du peuple, aboutissent à la négation de toutes les conditions indispensables de l'existence ; détruisent, soit directement, soit implicitement le devoir, le droit, le mariage, la famille, et ne produiraient, s'ils pouvaient être appliqués à la société, au lieu de la liberté dans laquelle se résume tout progrès réel, qu'une servitude à laquelle l'histoire, si haut qu'on remonte dans le passé, n'offre rien de comparable[1]. »

La postérité comprendra difficilement qu'un peuple civilisé, réputé le plus spirituel de l'Europe, ait pu prendre au sérieux tant de systèmes incohérents, tant de théories indigestes, tant de doctrines insensées ou barbares : et nous-mêmes, si nous feuilletons ces livres écrits comme au hasard, sans méthode et sans unité, où nous cherchons en vain une leçon de l'expérience, un éclair du bon sens ; où les seules flammes dont la page s'illumine sont allumées au foyer de l'orgueil, de la haine et de la colère, nous nous demandons avec stupeur comment de telles œuvres ont bouleversé la France, et nous demeurons épou-

1. Lamennais, *Du passé et de l'avenir du peuple*, in-32, p. 162.

vantés de la puissance de l'audace au service du paradoxe.

Le socialisme, tel qu'il nous apparaît dans tous ces écrits, et considéré dans ses tendances et dans ses traits généraux, comme système de réhabilitation de la chair, de nivellement de toutes les existences, de destruction de la propriété, d'anéantissement des lois qui la consacrent, de la famille qui vit par elle et de la société qui la défend; le socialisme, dis-je, a sa source dans nos penchants les plus dangereux, et chacun le trouverait en soi s'il lâchait la bride à ses appétits redoutables et à ses instincts destructeurs : il n'a en lui ni la puissance de l'idée, ni le prestige de la nouveauté; il est vieux comme le péché sur la terre, et on l'a vu se produire à la suite de toutes les doctrines célèbres, auxquelles il a été donné de remuer profondément le monde et d'y laisser une trace durable : en Orient, après les premiers Pères de l'Eglise, apparaissent les disciples de Plotin et de Jamblique, de Carpocras et d'Epiphane; dans la Bohême, après Jean Huss, nous voyons les farouches Taborites; en Allemagne, en Hollande, à la suite de Luther, l'histoire nous montre les anabaptistes, les disciples de Munzer et de Jean de Leyde; en France, enfin, Montesquieu et Mirabeau sont suivis des fanatiques partisans d'Anacharsis Clootz et de Gracchus Babeuf, qui reparaissent aujourd'hui sous d'autres noms. Il y a sans doute des distinctions à faire et de nombreuses différences à signaler entre les rêveries des siècles précédents, et celles de nos démolisseurs du dix-neuvième ; mais ceux-là ont avec ceux-ci pour traits communs, la haine de la société, la volonté de la détruire à tout prix, et parmi ces derniers, les uns pour réussir appellent à leur aide l'anarchie [1], les autres le chaos [2]. Qu'est cela, sinon le prélude d'une nouvelle invasion de barbares, et la plus terrible de toutes?

La société, depuis quatorze siècles, dans la plupart des crises marquées par des révolutions, a su se défendre contre la barbarie : elle a trouvé en elle-même les forces nécessaires pour arrêter, pour repousser le flot envahisseur : elle a su faire passer dans ses institutions et dans ses mœurs ce qui n'était pas inconciliable avec la civilisation, elle a rejeté dans l'ombre et dans l'oubli ce qui, en attaquant la morale ou les conditions mêmes de son existence, la mettait en péril : elle est sortie victorieuse de toutes ces luttes ; le sera-t-elle encore aujourd'hui? Gardons-nous d'en dou-

1. M. Proudhon et ses disciples.

2. Un ordre nouveau doit être créé. Toute création est précédée d'un chaos. Le socialisme a été, a dû être et n'est encore qu'un chaos ; et il restera chaos jusqu'à ce qu'à la suite des mouvements les plus désordonnés, des conflagrations les plus violentes, des révolutions les plus redoutables, il ait produit de lui-même le monde qui doit sortir de son sein ; à moins que l'intelligence régulière, légale et supérieure de la société ne prononce elle-même le *fiat lux* de la création. (Considérant, *Le socialisme devant le vieux monde, ou les vivants devant les morts*, in-8, p. 20, 1849.)

ter : disons-lui cependant qu'elle ne vaincra point sans d'héroïques efforts, et voyons comment, déjà affaiblie par tant de causes, elle a imprudemment grandi ses implacables ennemis en leur donnant des armes contre elle-même.

VIII.

Des moyens de destruction empruntés par les ennemis de la société à ses institutions, à la presse, au jury, à la garde nationale et au suffrage universel.

L'invasion barbare du cinquième siècle est la seule qui ait dissous la société européenne tout entière et qui ait remplacé une époque de civilisation par un âge de ténèbres : elle n'est pas sans quelque analogie avec celle dont le flot gronde à nos portes.

Qu'on me permette quelques rapprochements :

Jamais la barbarie n'eût prévalu contre l'empire si ce vaste corps n'eût été intérieurement miné, désorganisé par une foule de causes et si les barbares n'eussent trouvé dans ses maux intérieurs leurs plus puissants auxiliaires. Ils n'ont pas demandé tous leurs succès à la violence, ils employaient au besoin d'autres armes : voici comme ils procédaient.

Après avoir reconnu le point faible d'une frontière, ils y concentraient leurs forces et faisaient par là irruption dans l'empire : puis, lorsqu'ils y avaient pénétré et fondé par les armes quelques établissements, ils s'arrêtaient pour traiter avec l'empereur ou avec ses rivaux : ils spéculaient sur la crainte qu'ils inspiraient, vendaient à haut prix leur inaction ou leurs services, et attentifs aux chances nouvelles, ils se fortifiaient au centre même de la puissance qu'ils tendaient à détruire.

Qu'ont fait autre chose en France les ennemis de l'ordre politique et social, sous tous les gouvernements quoique avec des armes bien différentes? Voyez-les à l'œuvre depuis trente ans, dans notre société où l'opinion étant souveraine, c'est elle surtout qu'il faut conquérir.

A peine ont-ils résolu l'attaque et découvert un point faible qu'ils le battent en brèche ; élargissant avec leurs journaux, ces foudres modernes, les plaies intérieures, les profondes fissures qui se rencontrent toujours dans les grands empires, ils y vomissent sans relâche et sans nombre leurs traits incendiaires ; ils réveillent au cœur des populations les passions sourdes et dévorantes, et s'en font autant d'auxiliaires : l'obstacle est-il franchi ; ont-ils conquis une place dans l'opinion, une trêve se signe, l'État capitule, il acquitte quelque honteux tribut, et un chef naguère inconnu prend sa part du pouvoir et de la fortune publique.

Ce n'est pas tout, et jadis, dans le monde romain comme de nos jours, après les premiers envahisseurs, d'autres se sont présentés plus nombreux et plus forts, attirés par le succès de leurs devanciers, et leurs exigences ont grandi en raison de leur nombre et de leur force : bientôt cependant, il devenait impossible d'y satisfaire ; la guerre alors recommençait plus terrible, l'agression continuait chaque jour plus envahissante et ils ont marché ainsi d'attaque en attaque, de capitulation en capitulation et de ruine en ruine jusqu'au renversement complet de l'État politique. C'est maintenant l'ordre social que nos barbares menacent ; les boulevards extérieurs leur ont été livrés, et demain à les entendre, ils seront au cœur de la place.

La religion aida jadis la société romaine expirante à conquérir ses propres ennemis, elle subsista sur ses ruines, et soumettant les vainqueurs, elle suffit pour former une société nouvelle ; mais si nous succombons, que restera-t-il après nous ? Quelle société sera possible sur les débris de la nôtre ? Les ravageurs du cinquième siècle rendaient hommage aux hommes vaillants qu'ils avaient en face d'eux dans les combats, ils avaient quelques paroles de respect pour les princes qu'ils venaient déposséder ou asservir, pour des institutions qui n'étaient pas les leurs ; ils admiraient la civilisation tout en s'armant contre elle et le visigoth Ataulphe aspirait à la relever après l'avoir détruite. Mais nos barbares d'aujourd'hui, c'est la civilisation même qu'ils exècrent et qui est en butte à leurs fureurs. Voici comment ils parlent aux peuples : « Ces lois auxquelles vous obéissez sont des meules qui vous broient, des fers qui vous meurtrissent; ces soldats que vous nourrissez sont des bourreaux qui vous égorgent ; ces chefs qui vous gouvernent, sont des monstres qui sucent votre sang et qui s'engraissent de vos sueurs [1]. » Et quand ils l'auront suffisamment persuadé à ceux qui les écoutent, tout sera dit : le monde alors verra peut-être expirer quelque part une autre Rome plus malheureuse que la première sous les coups de ceux qu'elle aura portés dans ses flancs et nourris sur son sein de mère. O mon pays! que Dieu t'épargne cet opprobre! nos aïeux du moins tombaient dans les batailles, leur âme s'échappait par d'honorables blessures sous la main des braves : mais dans notre âge, les plus glorieux de tes enfants et les plus illustres sont morts à la peine, déchiquetés lambeaux par lambeaux, sous l'ignoble morsure d'un adversaire anonyme, et ce pygmée que tu ne connaissais pas hier, et qui craignait jusqu'au jour qui aurait éclairé ses mensonges, ô France! voilà ton Attila!

Qu'on me pardonne ce rapprochement trop prolongé peut-être entre les destructeurs de l'ancienne société et ceux qui se font gloire de détruire la société actuelle, qui vivent de ses maux et qui lui ont déjà fait de trop cruelles blessures ; j'ai cru ne pouvoir présenter avec de trop vives couleurs les dangers

1. Lamennais, *Paroles d'un croyant.*

qu'elle se crée à elle-même, en ne les désarmant pas lorsqu'elle est encore en état de le faire.

Et ce n'est pas seulement vis-à-vis de la mauvaise presse périodique, qu'elle montre une patience téméraire : elle a autour d'elle beaucoup d'autres dangers, avec lesquels elle joue, qu'elle se plaît à braver ou qu'elle ne veut pas voir.

Tous ses ennemis ne savent pas lire, il y en a beaucoup parmi eux que les journaux ne sauraient instruire et armer contre elle. On y a pourvu, croyez-le bien : les théâtres sont là, dans Paris, pour allumer, pour entretenir le feu de la révolte au cœur des classes les plus mécontentes et les plus faciles à enflammer ; ils réveillent, ils excitent en elles, par de vivantes images et par les prestiges de l'art, le sentiment des souffrances, la haine et la fureur contre ceux qu'elles jalousent ; et, comme si cela n'était pas assez, comme si à de tels stimulants il en fallait ajouter d'autres d'un ordre plus élevé, on spécule aussi sur quelques-uns des meilleurs instincts de l'homme, sur sa pitié, sur l'indignation généreuse qu'il éprouve à l'aspect de la probité dans le malheur et du crime triomphant ; et dans des tableaux fantastiques et menteurs, on montre au peuple le vice toujours abrité sous de riches lambris, toujours vêtu d'or et de soie, et la vertu inséparable du haillon : cela fait, on lui enseigne à maudire une société sans entrailles pour le pauvre, sans flétrissure pour le mauvais riche, et responsable de toutes les injustices et de toutes les iniquités. Voilà les leçons que Paris donne au public tous les soirs, et que les départements s'empressent de lui emprunter [1].

Je le dis hautement, le théâtre sans censure et la presse périodique sans répression efficace, mettent la société en péril. La presse a renversé le dernier gouvernement, quoique protégé par des barrières aujourd'hui abattues, que ne fera-t-elle point contre la société actuelle si on n'arrête ses ravages ? Mais le chef-d'œuvre, le tour de force par excellence de ceux qui tournent chaque matin contre celle-ci leurs formidables batteries, c'est de lui avoir inspiré pendant tant d'années une incompréhensible admiration, un respect miraculeux pour ces mêmes machines qui la battent en brèche. Ils ont tant dit que l'exemple d'un pays voisin devait faire loi pour nous ; ils ont si bien répété que pour ce pays comme pour le nôtre la liberté de la presse était l'*arche sainte*, qu'ils ont fini par le faire croire ; il en est résulté un fait vraiment prodigieux, et, de ce que ce pays voisin, où les institutions et les mœurs donnent la haute influence à la religion, à la propriété, aux classes éclairées, a pu établir cette opinion et l'accréditer sans danger chez lui, on a conclu qu'il fallait l'établir au plus tôt chez nous, et nous

1. Voyez au boulevard, entre autres pièces du même genre : le drame de la *Misère* et celui des *Chevaliers du Lansquenet*.

avons cru les destructeurs sur parole ; se peut-il rien de plus absurde !

Toutefois l'engouement pour la complète liberté de la presse périodique n'est pas si aveugle qu'on n'y ait vu quelques dangers : on reconnaît qu'elle peut engendrer de graves abus et qu'il faut un tribunal pour réprimer ses plus dangereux écarts : mais quel est ce tribunal? où sont les juges de la presse, où les cherchons-nous? Nous allons les prendre au hasard parmi ceux qu'elle égare, qu'elle intimide ou qu'elle empoisonne [1].

Tout ce qu'il faut faire pour ruiner l'édifice social, pour le démolir pierre à pierre, comptez que la mauvaise presse l'a fait hier, le fait aujourd'hui ou le fera demain. Que n'a-t-elle pas dit à l'effet de créer, de maintenir parmi nous cette institution de la bourgeoisie toujours armée, dont les derniers événements nous ont fait voir toute la faiblesse, et qui ne saurait subsister en même temps que la liberté de la presse sans un péril permanent pour la société. Nous avions, hier comme aujourd'hui, une armée fidèle, entretenue à grands frais, et qui, sortie des entrailles du pays, était prête à lui donner son sang : ce n'était point pour cette brave armée que la presse périodique réservait ses faveurs; ce n'était point à cette armée qu'elle nous exhortait

1. Je ne parle ici de l'institution du jury que dans son application aux délits et aux crimes de la presse.

à confier nos intérêts les plus chers : ne fallait-il pas que la nation fût mise en garde contre ses défenseurs ; ne convenait-il point qu'elle marchandât sa confiance à ceux à qui elle avait donné son épée, et dont la hardiesse pouvait aller en effet jusqu'à mourir pour elle ? La nation s'est laissé instruire.... nous avons vu les fruits de ces tristes leçons : et que faisons-nous encore aujourd'hui? nous refaisons le passé : à côté de notre armée obéissante, disciplinée, fidèle, nous en exerçons une autre, et ceux à qui nos institutions confient plus particulièrement la défense de la famille, de la propriété et des lois sont ceux à qui la presse répète tous les jours que les lois sont des fléaux, la famille un abus et la propriété un crime[1] !

Il n'est cependant pas impossible, malgré de trop fâcheux exemples, de trouver dans la composition du jury pour la presse et dans la garde nationale quelques garanties pour l'ordre social. Le jury, en effet, suppose un choix et ses fonctions exigent quelques lumières ; l'institution de la garde nationale admet l'élimination de la plupart de ceux qui ne seraient dans ses rangs

1. La garde nationale dans les campagnes est un élément peu connu et peu éprouvé jusqu'à présent. Dans les grandes villes, elle est le plus souvent un obstacle. Le général commandant à Lyon, interrogé sur le nombre d'hommes nécessaires pour contenir l'émeute, répondit : Si la garde nationale est armée, il me faut 25,000 hommes ; si elle est dissoute, 10,000 hommes suffisent.

qu'un élément perpétuel d'anarchie et de révolte : il fallait arriver à une institution qui confiât les destinées du pays aux aveugles et qui fît reposer la société tout entière sur ceux qui s'y trouvent à l'étroit et à qui l'espoir de tout bouleversement est doux. Cette institution vous l'avez nommée, c'est le suffrage universel et son œuvre, c'est la *Constitution de* 1848 qui nous est donnée comme un progrès et dans chaque page de laquelle je vois pour l'avenir, un obstacle à un bien sérieux, un élément de guerre civile, une arme pour la licence, un tombeau pour la liberté [1].

IX.

Du progrès et de la liberté.

De tous les mots de la langue, aucun n'ouvre un champ plus vaste aux disputes que le *Progrès;* il n'y en a point d'autre qui rappelle mieux le but à ceux

1. De tous les articles de la Constitution, le meilleur assurément est celui qui permet qu'elle soit révisée; mais cet article, comme plusieurs autres, fait espérer, je le crains, plus qu'il ne donnera; il exige, pour décider la révision, les trois quarts des votes. Qui ne voit que dans une assemblée élue par le suffrage universel il y aura toujours un quart au moins des membres qui trouveront la Constitution excellente par les motifs qui la feront paraître détestable aux yeux des autres?

qui gouvernent et qui soit en même temps pour les gouvernés un plus actif stimulant des meilleures tendances, et cependant, il serait difficile de trouver un autre mot qui, légèrement prononcé ou mal compris, conduise l'homme à des aberrations plus grandes et le rejette plus loin en arrière lorsque, dans un fol aveuglement, il s'imagine avancer.

Nosce te ipsum (connais-toi toi-même) : ce conseil que l'antique sagesse donnait aux individus n'est pas moins utile aux peuples, surtout dans les temps de crises et de révolutions. Ils ne sauraient ramener trop souvent leurs regards sur eux-mêmes afin que, s'assurant s'ils sont dans la bonne ou dans la mauvaise voie, ils sachent, à temps opportun, poursuivre leur marche ou la suspendre. Une semblable étude est aussi difficile qu'indispensable, et celui-ci verra un progrès où celui-là apercevra un principe de dissolution. Il importe donc d'abord de définir les termes et de bien reconnaître en quoi consiste pour un peuple le progrès, ou la supériorité véritable, en le comparant aux autres et surtout à lui-même dans son passé.

L'un voit le progrès dans l'accroissement des richesses matérielles, l'autre dans le perfectionnement des institutions et des lois ; plusieurs le voient dans ce qui est la plus sûre sauvegarde des institutions comme des richesses, savoir dans la supériorité des idées, des croyances et des mœurs; voilà, en effet, le critérium véritable ; si celles-ci sont en déclin, la décadence se fera sentir dans tout le reste : l'édifice pourra encore subsister; il présentera dans son ensemble une masse imposante et régulière lorsque déjà il sera ruiné dans ses fondements et menacera ruine de toutes parts.

Qu'un pays comme la France, dans les belles années de Louis XIV, avec des lois très-défectueuses et des institutions politiques fort incomplètes, grandisse rapidement en puissance, produise une foule de grands hommes et de chefs-d'œuvre et fasse sentir au loin l'influence de ses mœurs, de ses idées et de sa civilisation, un tel pays, à cette époque de son histoire, me paraîtra supérieur à ce qu'il pourrait devenir si, avec des lois meilleures et des institutions politiques plus savantes, il cessait de croître en grandeur et en influence, donnait au monde de trop regrettables exemples et n'enfantait plus ni grand homme ni prodige.

Les progrès qui se sont produits sans interruption en Europe depuis soixante ans appartiennent à la science et à l'industrie plus qu'à l'ordre moral. Et en effet, le progrès *continu* n'est possible que dans la science; une connaissance acquise ne se perd plus et chaque jour peut ajouter une découverte à une découverte. Mais, dans l'ordre moral, le progrès est *intermittent* : l'esprit humain, on l'a dit, ne fait que *circuler* autour de quelques principes invariables, essentiels à la conservation des familles et des Etats; tantôt il s'en rapproche et tantôt s'en éloigne ; de là proviennent les accroissements, les prospérités et aussi la décadence et la fin des empires.

La science politique et législative, semblable en cela à toutes les autres sciences, peut faire d'immenses progrès sous la plume d'hommes habiles et instruits sans qu'il y ait progrès dans les croyances et dans les mœurs : voilà ce qui explique comment les plus belles lois de l'empire romain, au point de vue rationnel, datent de l'époque de sa décadence et de sa plus grande corruption morale, et aussi peut-être comment les chartes de 1814 et de 1830, quoique nées à des époques de malheur et au milieu de graves perturbations, sont, au point de vue spéculatif, supérieures aux institutions politiques de la France sous Louis XIV : toutefois, si de la théorie nous passons aux faits et à la pratique, nous serons amenés à reconnaître que la Constitution la plus savante, si elle n'est pas au niveau des idées, des besoins et de la FORCE MORALE des peuples qu'elle régit, n'est pas un progrès mais une œuvre morte, un édifice de cartes qu'un souffle renversera.

Qu'une assemblée décrète l'admissibilité de chacun à tous les emplois, où verrez-vous le progrès si elle excite ainsi mille fois plus de désirs qu'elle n'en peut satisfaire?

Qu'une société enseigne à lire à tous ses membres, où verrez-vous le progrès, si elle est impuissante à faire tomber aux mains de chacun autre chose qu'un pamphlet incendiaire ou un feuilleton immonde?

Décrétez l'abolition de toute censure pour la presse périodique, où sera le progrès si au lieu d'un flambeau qui éclaire vous allumez dans chaque maison une torche qui dévore?

Créez une milice bourgeoise, gardienne des droits des citoyens, des institutions et de l'ordre public, où sera le progrès si, le jour venu de s'armer pour les lois, cette milice désarme ceux qui les défendent?

Nivelez toutes les conditions, abolissez la contrainte pour les dettes et la peine capitale pour les crimes; mais si en détruisant le luxe vous affamez ceux qui en vivent, si en épargnant des coupables, vous mettez en péril des vies innocentes; si enfin, ceux qui désarment la loi de ses terreurs sont ceux-là mêmes qui ont encouru toute sa sévérité, où sera le progrès, où sera la victoire?

Vantez-nous les découvertes de la science, les merveilles de l'électricité, de la vapeur, du daguerréotype, du chloroforme, et nous applaudirons. Là sans doute il y a progrès et progrès immense, mais le plus faible progrès moral est pour l'honneur d'un peuple supérieur à tous ceux-là.

Vous êtes philanthrope; votre âme déborde, et d'une immense étreinte, vous embrassez le genre humain; c'est bien, mais qu'importe, si dépensant tout votre amour au service de l'humanité il ne vous en reste plus pour défendre les intérêts de la patrie et de la famille. Votre sollicitude pour les droits de l'homme vous ôte le sommeil, qu'importe encore, si aux droits de tous vous sacrifiez ceux de chacun? Vous inscrivez dans vos chartes la liberté de conscience, et vous avez raison; mais qu'importe au progrès, qu'importe à la nation que la pratique des religions y soit libre si la vie religieuse y est éteinte, si la multitude se prend d'adoration pour elle-même et se choisit pour son idole, si à l'obéissance à l'Évangile et au prêtre nous substituons je ne sais quel respect superstitieux pour les prétendus arrêts d'une conscience générale et imaginaire, si enfin, comme l'a dit un philosophe chrétien [1]: « nous détournons nos regards du ciel pour les abaisser sur la terre, pour les égarer au sein d'une foule confuse dont les exemples seront nos leçons, les impulsions nos lois et les rumeurs nos oracles! »

S'il fallait déterminer dans l'histoire des peuples l'époque de la plus grande élévation où ils soient parvenus, je nommerais celle où les lettres, les arts et les sciences sont en progrès, tandis que le lien des croyances morales conserve encore toute sa force; j'indiquerais, pour la France, les belles années du règne de Louis XIV jusqu'à la mort de Colbert. Et si la France de cette époque, considérée non-seulement en elle-même, mais aussi par rapport aux autres nations, me paraît avoir quelque supériorité sur celle des derniers règnes, que dirai-je de la France d'aujourd'hui? C'est au point de vue moral seulement

1. Vinet : *Le socialisme considéré dans son principe.*

que j'entends la juger, et je ne pousserai pas la comparaison plus loin [1].

Mais quoi! demandera-t-on, comptez-vous pour rien les bienfaits de la liberté? Regrettez-vous le despotisme et ses abus? A Dieu ne plaise! Les institutions politiques de la France au temps de Louis XIV n'apportaient, je le sais, aucun frein suffisant à l'arbitraire; j'attribue à cette cause tous les maux qui ont désolé la fin de ce règne et la plupart des maux qui l'ont suivi; mais, au temps où nous sommes, le danger est-il moindre? Le pouvoir d'une assemblée unique est plus absolu que celui du grand roi, et si la majorité de l'Assemblée nationale actuelle n'était, comme nous la voyons, sage et conservatrice, nous frémirions de songer à tout ce qu'elle pourrait entreprendre et décider, par un seul vote d'urgence, contre l'indépendance et la fortune de tous.

Ecoutons à ce sujet l'homme populaire dont l'éloquence a défendu trente années en France la liberté, et qui lui a donné son dernier soupir:

« Lorsqu'on n'impose point de bornes à l'autorité représentative, dit Benjamin-Constant, les représentants du peuple ne sont point les défenseurs de la liberté, mais des candidats de tyrannie. Or,

1. Ce que je ne fais pas ici, un autre écrivain, un ancien magistrat l'a fait, et je renvoie le lecteur au livre aussi affligeant que consciencieux de M. Baudot, intitulé: *De la décadence de la France*, in-8, Amyot, 1850.

quand la tyrannie est constituée, elle est peut-être d'autant plus affreuse que les tyrans sont plus nombreux. Sous une Constitution dont la représentation nationale fait partie, la nation n'est libre que lorsque les députés ont un frein. Une assemblée qui ne peut être réprimée ni contenue se précipite dans des excès qui, au premier coup d'œil, sembleraient s'exclure. Tantôt l'esprit de parti, qui ne laisse de choix qu'entre les extrêmes; tantôt l'esprit de corps, qui ne donne de force que pour usurper; tour à tour la témérité ou l'indécision, la violence ou la fatigue, la complaisance pour un seul ou la défiance contre tous; l'absence de toute responsabilité morale, la certitude d'échapper par le nombre à la honte de la lâcheté ou au péril de l'audace; tels sont les vices des assemblées, lorsqu'elles ne sont pas renfermées dans des limites qu'elles ne puissent franchir; et il n'y a de limites pour elles que dans la faculté de dissolution, attribuée à une autorité hors d'elles-mêmes[1]. »

Voyons maintenant comment s'est exprimé aux Etats-Unis, sur cette question, un célèbre et véritable patriote, J. Calhoun, qui a expliqué mieux que personne les savants ressorts de la Constitution américaine, et qui, pour la rendre plus durable, voulait

1. Benjamin Constant. *Polit. constitut.*, ch. II, p. 16 et 17. Édit. de 1836.— Tous les freins qu'une assemblée unique s'impose à elle-même, les précautions contre l'urgence, les nécessités

pondérer l'autorité du nombre, l'influence passionnée de la multitude par le droit de résistance des Etats. Voilà ce qu'il disait en 1842, dans la discussion mémorable sur le *veto* :

« Pour une foule de causes, le gouvernement gravite de plus en plus vers l'obéissance aveugle à la puissance de la majorité numérique, et, lorsque tel sera le principe généralement établi, le mobile avoué de ses actes, *la fin sera proche.* A mesure que le pouvoir exécutif se conformera plus exclusivement aux volontés de ce pouvoir unique et absolu qui s'appelle le pouvoir du NOMBRE, son action deviendra de plus en plus agitée, inconstante, irrégulière : les factions, la corruption, l'anarchie grandiront et s'étendront davantage, le patriotisme s'affaiblira, l'affection, le respect pour le gouvernement s'évanouiront de plus en plus jusqu'à ce que vienne le choc dernier et suprême qui brisera et mettra en poudre le système entier : l'ÉPÉE alors prendra la place de la loi et de la Constitution[2]. »

Adorateurs de la puissance du nombre, esclaves des volontés de la multitude dans la délibération des lois et dans les grandes affaires de l'État, ennemis aveugles de cet équilibre des pouvoirs, seule garantie de la liberté d'un peuple et qui est la LIBERTÉ

des deux tiers des voix et de l'unanimité, tous ces freins sont illusoires, *idem, ibid.*

2. Speeches of John Calhoun. 8°.

MÊME, ajoutez les noms de Benjamin Constant et de J. Calhoun aux noms des citoyens illustres que vous traînez aux gémonies : mais ne nous parlez plus, ni du *progrès*, ni de la *liberté*, laissez à d'autres l'honneur de les défendre !

X.

Conditions d'existence de la société. — Remèdes à la situation. — Conclusion.

De ce qui précède, il résulte :

Que si les forces naturelles de la société, celles qui sont le produit des conditions matérielles de la population, de ses croyances, de ses habitudes, de son esprit et de ses mœurs, tendent à relâcher et à dissoudre tous les liens de l'ordre social, cette dissolution, cette décomposition rapide est encore accélérée par nos principales institutions, par les lois sur la presse, sur l'enseignement, sur les concours, sur la garde nationale et surtout par le suffrage universel.

Et j'en conclus :

Que si l'ordre règne, que si la société se maintient debout, que si ses ennemis sont momentanément abattus, cet état de choses doit être attribué uniquement à la sagesse et à l'union des grands pouvoirs constitués, dont l'existence est PRÉCAIRE et qui n'ont en eux-mêmes aucune condition de STABILITÉ ni de DURÉE ; et que les seules CHANCES qu'ait la société pour échapper aux plus grands malheurs sont d'être replacés par ces mêmes pouvoirs sur des bases plus fermes et dans des CONDITIONS D'EXISTENCE plus normales.

J'indique au nombre des premières conditions d'existence et de durée de toute société :

L'établissement d'un pouvoir exécutif respecté et suffisamment fort ;

Le développement donné à toutes les forces morales qui tiennent en bride les turbulents désirs et les instincts grossiers ;

Des lois qui désarment les plus dangereux ennemis de la société, et qui tendent sans cesse à restreindre leur nombre ;

Et enfin des institutions tutélaires qui proportionnent, autant que possible, la part d'influence politique donnée à chacun dans la société à l'intérêt plus ou moins grand que chacun peut avoir à la défendre.

Il me reste à développer quelques-uns des moyens qui me paraissent les plus propres à nous rapprocher de quelques-uns de ces principes fondamentaux, et à ramener la société française, dans les seules voies où elle peut espérer son salut ;

Le point capital est de se hâter ; car, demain peut-être, les pouvoirs actuels, seules forces qui protégent et maintiennent aujourd'hui l'ordre social, auront cessé d'exister.

En vain dirait-on que les institutions dont ils sont sortis, nous les rendront infailliblement encore : il serait facile de démontrer qu'ils sont nés d'une foule de causes tout-à-fait indépendantes des institutions et que c'est moins par elles que malgré elles qu'ils nous ont été donnés.

La société, tout épouvantée encore des désastres dont la catastrophe de Février fut le prélude, s'agitait mal à l'aise, endolorie et sanglante dans ses langes républicains : les grands docteurs du socialisme ne l'avaient pas encore endoctrinée suffisamment, et le temps leur avait manqué pour lui faire bien voir toutes les béatitudes que le régime nouveau lui promet. Dans ces circonstances, le prestige d'un nom fameux a rallié des voix innombrables dans tous les partis et jusque dans celui qui, vaincu en juin, a préféré toute candidature à celle de son vainqueur : et loin qu'il y ait lieu d'attendre de nos institutions le retour de ce même fait providentiel, ce sont elles qui le déclarent impossible [1].

Nous devons sans doute de vives actions de grâces à celui dont on a dit avec autant d'esprit que de vérité : *Qu'il écrit droit sur des lignes de tra-*

1. Le Président n'est rééligible qu'après un intervalle de quatre années. (*Constitution de* 1848, art. 45).

vers[1]. Mais, si notre confiance en lui est entière, n'oublions pas non plus que : *Les dieux n'aident pas longtemps ceux qui ne s'aident pas eux-mêmes* [2].

Les classes appelées par les charges qu'elles supportaient, par leurs lumières et par les lois en vigueur, à la direction des affaires depuis un demi-siècle, en ont été précipitées par une agression aussi violente qu'imprévue : sera-t-on en droit de penser qu'elles étaient impuissantes à s'y maintenir, et qu'après avoir, contre toute espérance, ressaisi le gouvernail, elles n'ont pas su le garder ?

Ne nous faisons point illusion sur la portée d'un succès[3] récent et dont l'avantage le plus certain est de montrer que les pouvoirs sont forts avec de l'union et de la volonté ; et ne perdons pas de vue que si cette force n'est mise en œuvre contre les passions anarchiques, avec courage, promptitude et persévérance, elle n'est rien.

Il y aurait beaucoup à faire sans même sortir du cercle étroit où la Constitution nous enferme.

La société, dit avec raison un savant évêque[4], n'est pas suffisamment défendue par la force qui réprime les actes extérieurs, si les ressorts intérieurs qui déterminent ceux-ci ne sont touchés : sans la re-

1. Madame Guizot. *Lettres sur l'éducation.*

2. Salluste. *Catilina.*

3. La loi qui réglemente le suffrage universel.

4. Mandement de Mgr. l'évêque d'Orléans.

ligion point de devoir possible, disait aussi l'auteur du livre sur l'*Indifférence* ; ajoutons : sans elle, point de devoir praticable. Réveillons, par tous les moyens, le sentiment chrétien au fond des âmes, rendons aux ministres de la religion la part qui leur revient dans l'éducation de la jeunesse ; n'espérons pas que celle-ci leur donne sa confiance, si nous les traitons nous mêmes en suspects : hâtons-nous de faire disparaître de nos codes les entraves à leur légitime influence ; laissons librement se produire toutes les convictions vraiment chrétiennes qui seront reconnues, par la conscience publique et les lois, pour conciliables avec l'ordre, avec la paix publique et la morale, et n'oublions pas que, de toutes les libertés d'un peuple, la plus sacrée, celle qu'il faudrait encore respecter, si on avait à lui demander, pour un temps, le sacrifice de beaucoup d'autres, c'est la liberté de conscience, parce qu'elle constitue l'homme même, parce que toute atteinte à cette liberté, toute oppression de la voix intérieure tend à l'abaissement des âmes, à la dégradation morale d'une nation et à sa ruine; l'oppresseur fût-il Philippe II ou Elisabeth, Louis XIV ou la Constituante [1].

1. Il serait difficile de s'exprimer sur ce sujet avec plus de force et d'éloquence que ne l'a fait à la tribune de la chambre des Pairs, M. de Montalembert, l'un des fondateurs de la société pour la liberté religieuse.

Que l'éducation parmi nous ait beaucoup moins pour objet de faire des demi-savants de quelques-uns que des hommes honnêtes et utiles de tous. Disons-nous, que dans un Etat bien réglé, l'harmonie naît souvent des contraires, et que, si certaines lois créent par leurs tendances un péril à la société sur un point, d'autres lois doivent rétablir l'équilibre par des tendances opposées. Le plus grand danger qu'ont créé à la France depuis soixante ans toutes ses Constitutions combinées avec les principaux traits du caractère national est l'excitation à sortir chacun de sa sphère et l'essor sans frein de toutes les ambitions; c'est aux lois et surtout à l'éducation publique qu'il appartient de pourvoir au péril et de le conjurer. Le remède à ce mal est plus facile à dire qu'à pratiquer : il consiste à faire, dans cette immense question de l'enseignement, à laquelle se lie si étroitement celle des concours, exactement le contraire de ce qui se fait aujourd'hui : voilà le grand problème de l'avenir!

Toutefois ne nous flattons pas de rien édifier de durable dans l'intérêt de la société, si nous permettons qu'au sortir des écoles nos fils reçoivent de ses ennemis une seconde instruction qui détruise tous les bons résultats de la première, si nous souffrons que la mauvaise presse périodique enlève, dans l'esprit de l'homme fait, toutes les bonnes semences que l'éducation aura jetées dans le cœur de l'enfant.

La société moderne me paraît depuis longtemps

sous le charme d'une inconcevable illusion. A toutes les époques de l'histoire, une grande erreur, sujet d'étonnement pour les générations suivantes, semble avoir eu le privilége de captiver le genre humain. L'antiquité ne comprenait pas la société sans l'esclavage, le moyen âge a vu dans l'inquisition la meilleure sauvegarde des croyances et des mœurs, et presque de nos jours, on cherchait encore la vérité par la torture. Je doute que nos pères fissent ainsi une plus grande injure à la vérité, que nous ne lui en faisons par le privilége dont jouit la presse périodique de vivre impunément des atteintes qu'elle lui porte.

Platon voulait qu'on bannît les poètes de sa République, à cause des fictions quelquefois dangereuses mêlées à leurs récits enchanteurs. S'il savait le théâtre que nous ouvrons aux nôtres, quelle serait sa surprise! et que deviendrait-elle grand Dieu! s'il voyait un peuple attentif à conserver sur tous les points importants de son territoire quelques machines formidables et toujours agissantes à l'effet de détruire la religion, la morale, les lois, les pouvoirs établis et la paix publique? Assurément, dirait-il, ce peuple est en démence, ou peut-être est-ce un peuple de sages, un peuple philosophe et stoïque, sourd à toute provocation, sur la raison duquel l'erreur n'a point de prise et dont la vertu est supérieure aux séductions!!!

C'est surtout lorsque les lois mettent le pouvoir aux mains des masses qu'il importe que celles-ci s'abreuvent à des sources pures, et, à défaut de mesures préventives touchant la presse périodique, la répression ne saurait être ni trop sévère ni trop prompte. Etrange peuple que nous sommes! nous frappons d'une forte peine l'homme estimable qui vendrait une seule fois, sans autorisation, une substance dangereuse pour le corps, et nous laissons le premier venu répandre impunément tous les jours et à pleine mesure une nourriture pestilentielle dans les âmes[1] ! Nul ne peut, sans permission préalable, endoctriner sur la voie publique une centaine d'auditeurs ; mais du fond de son cabinet, tout homme pourra librement chaque matin infecter cent mille lecteurs de ses théories perverses! Un préfet aura le droit de suspendre, de révoquer, de priver de tout moyen d'existence l'instituteur qui dans un cercle d'enfants mêlera un peu d'ivraie au bon grain ; et aucun magistrat n'a le pouvoir d'interdire et de supprimer, sauf recours aux tribunaux, un journal qui empoisonnerait et pervertirait toute une population[2] !

1. Et vous n'osez priver ces quelques hommes, conspirateurs de profession, de la liberté de tout dire et de tout écrire ! Vous pourriez les frapper d'impuissance, et vous les atteignez seulement de peines illusoires ! Oh ! que vous méritez bien d'être incendiés, vous qui vous contentez de cracher sur le feu pour l'éteindre ! (De Jocas. *Comment la République est possible*, 8°, 1849.)

2. Il y aurait, je crois, en ce qui touche la suppression des feuilles dangereuses dans les départements, d'utiles résultats à

Et quelques hommes auront ainsi seuls le privilége de tenir une société en crainte et en échec! Mais que peuvent les lois sans les mœurs? Comment des remèdes salutaires seraient-ils employés, si la nation malade s'obstine à repousser la guérison et à s'endormir sur ses maux? Quelle vigueur attendre dans les institutions contre ceux qui trouveraient dans les cœurs indulgence et sympathie; et si les plus dangereux de tous les attentats, ceux qui ont pour but de ruiner les fondements des sociétés humaines, sont les seuls à qui l'opinion délivre un brevet d'impunité? « Hélas! disait Caton, dans le sénat romain, depuis longtemps nous avons perdu la véritable dénomination des choses; prodiguer le bien d'autrui se nomme *libéralité*; de la résolution, de la persévérance dans certains crimes se nomme *courage*, et voilà ce qui nous réduit aux déplorables extrémités où nous sommes [1]! »

Osons le dire et répétons-le sans cesse : la répression rapide et efficace des coupables abus de la presse, la censure pour les théâtres et la réforme

attendre des conseils-généraux, surtout si un comité, pris dans leur sein, pouvait toujours être convoqué d'urgence par les préfets, dans l'intervalle des sessions. Je regarde ces conseils, lorsqu'ils seront tout ce qu'ils peuvent être, comme un des éléments les plus précieux de la prospérité future de la France.

1. Salluste. *Catilina.*

de l'éducation publique sont les besoins les plus urgents de la société. Mais en réprimant les excès de la presse dangereuse, n'épargnons rien pour seconder les efforts de la presse utile, de celle qui s'adressant à la raison et aux bons instincts de l'homme considère le devoir avant l'intérêt, et remplit une mission haute et sacrée. Les produits de la presse sont la nourriture de l'esprit, qu'on a souvent comparée à celle du corps : que penserait-on du législateur qui, pour empêcher de fabriquer un pain corrompu, n'imaginerait rien de mieux que d'élever outre mesure le prix de la fabrication générale, et qui priverait le peuple de la bonne nourriture afin de mieux le préserver de la mauvaise?

Après ces premiers pas, combien d'autres seront à faire encore ! On a rendu une loi qui enlève le suffrage à la population flottante, véritable écume du pays : en avons-nous une pour la retenir, pour la ramener aux lieux d'où elle sort, pour l'empêcher de venir dans la capitale travailler de ses mains à l'œuvre de la destruction qu'elle ne peut plus servir de ses votes?

Beaucoup songent à soulager Paris du dangereux honneur de posséder le gouvernement et l'assemblée : Paris, si une mesure semblable était jamais adoptée, n'en serait pas moins la capitale de la France, au même titre qu'il l'a été cent cinquante ans, depuis la Fronde sous Louis XIV jusqu'à la convocation des États-Généraux sous Louis XVI ; et ce qu'il perdrait en importance politique, il le regagnerait en sécurité et en prospérité. Les circonstances militent en faveur de ce projet; peut-être cependant sera-t-on dispensé d'y donner suite si une loi écarte de Paris la population flottante, et lorsque la milice nationale sera reconstituée sur les seules bases avouées par le bon sens, c'est-à-dire quand elle sera infiniment réduite, convoquée rarement, et organisée de manière à pouvoir venir en aide à l'ordre et jamais le troubler[1].

Peut-être finirons-nous par comprendre qu'une société, semblable à une pyramide renversée, ne peut tenir longtemps sur la pointe ; qu'il est absurde, qu'il est digne des époques les plus barbares, de mettre de niveau, lorsqu'il s'agit des destinées du pays, l'apprenti et le patron, le fils à peine émancipé et son vieux père, le conscrit et le général ; et qu'il est honteux que l'Europe nous renvoie à l'école des sauvages pour apprendre l'estime que l'on doit faire de l'expérience en cheveux blancs, des bons services et de la valeur éprouvée[1]. Nous y songerons

1. En Angleterre, l'Etat n'éparpille point les armes au hasard entre les mains de tous. En cas de trouble, on ne remet une arme qu'à ceux qui présentent des répondants ou à l'homme connu, et qui jure d'en faire usage pour réprimer le désordre. Cet homme devient un constable.

1. Un principe naturel est rarement méconnu ou violé, sans qu'il y ait une secrète protestation dans l'âme des violateurs. —

lorsque viendra le jour où nous pourrons nous permettre

Le long espoir et les vastes pensées.

Aujourd'hui ne perdons pas de vue que l'ennemi est là guettant l'occasion, habile à profiter de toute imprudence ou de toute faiblesse : n'oublions pas que nos lois sur l'enseignement et les concours lui fournissent ses chefs, la presse ses armes, le vote universel ses soldats ; qu'en cas de victoire, la Constitution le rend le maître absolu de toutes les fortunes comme de toutes les existences, et que le point capital est de faire en sorte que la défense de la société ne soit pas abandonnée à la merci et au bon plaisir de ceux qui s'y trouvent à la gêne.

Il ne suffirait pas cependant de mettre les classes nombreuses dans l'impossibilité de la détruire, il conviendrait aussi de leur en ôter l'envie, et c'est à quoi tous nos efforts doivent tendre. Cherchons du travail

C'est à mes yeux un principe équitable et naturel que les services des pères soient récompensés dans leurs enfants : nous l'avons depuis longtemps oublié, comme tant d'autres, et néanmoins dans le moment où la Constituante de 1848 s'élevait avec force contre tout privilége héréditaire, elle fit spontanément une éclatante infraction au droit commun confirmé par elle-même, en nommant sous-lieutenant le fils du général *Négrier*. — Si un certain nombre de places dans les écoles de l'Etat étaient un jour réservées aux fils des hommes qui auraient laissé de glorieuses traces dans leur carrière, je n'y verrais pas un très-grand mal.

pour l'homme laborieux, aidons-le à faire fructifier ses épargnes, prodiguons nos soins à ses maladies, donnons-lui dans ses chagrins les consolations, ces doux remèdes de l'âme; créons un avenir à nos marins et à nos soldats[1]; multiplions les asiles pour l'enfance, les abris pour la vieillesse, assainissons les demeures du pauvre, ouvrons l'âme de ses enfants à Dieu, et la sienne, s'il est possible, au contentement ou à la patience ; qu'il sache que les douleurs de ceux qu'il envie passent souvent les siennes, et sont d'autant plus vives qu'elles sont moins attendues; montrons-lui dans les privations, dans les épreuves, le champ d'exercice de la force morale, de la meilleure partie de nous-mêmes, et il sera convaincu de leur utilité, lorsqu'il aura compris que c'est à l'aide de cette force et selon l'emploi qu'il en aura fait, que l'homme grandira devant Dieu. Faisons tout cela pour le pauvre, non dans l'unique pensée de le gagner par des bienfaits, mais aussi parce que cela est bon, parce que cela est juste et parce qu'il y a une vertu cachée, une force secrète et toujours agissante dans la justice comme dans la bonté.

En redoublant d'efforts pour venir en aide aux besoins du pauvre, n'égarons pas sa raison, tenons-le en garde contre ses flatteurs, dont les plus dange-

1. Voyez à cet égard le remarquable projet de M. Joffrès sur le recrutement : il était hautement approuvé du vainqueur d'Isly.

reux sont ceux qui lui répètent qu'en exerçant des droits politiques, il amènera dans sa condition un heureux changement [1]. Disons-lui la vérité, et il reconnaîtra peut-être que l'accomplissement d'un acte quelconque dont on ne connaît ni la valeur ni la portée, est toujours un fardeau, rarement un droit et jamais un devoir [2]. Un orateur nous a montré le prolétaire arrivant au scrutin, courbé sous la double humiliation de sa dépendance et de sa misère; puis l'acte accompli, relevant la tête avec l'orgueil du souverain; cet orateur s'est trompé : non; soyez-en sûr, le prolétaire, pour peu qu'il soit honnête, s'en retournera plus humilié qu'il n'est venu : ce ne sera pas l'orgueil qui remplira son cœur, ce sera la confusion qu'éprouve tout homme qui a fait un acte sans la connaissance qu'il suppose; ce sera la terreur de l'aveugle qui ayant manié un flambeau,

1. Celui qui dit à l'ouvrier qu'il dépend de lui d'améliorer son sort autrement que par le travail, la bonne conduite et l'économie, est un empoisonneur. (Franklin.)

2. Il y a de loin en loin dans la vie des peuples des circonstances rares et extraordinaires dans lesquelles, par raison d'Etat, tout homme peut être utilement appelé à dire, par un *oui* ou par un *non*, s'il approuve ou s'il blâme, c'est-à-dire s'il est satisfait ou affligé d'un grand fait accompli. Dans ces cas tout-à-fait exceptionnels, le suffrage universel cesse d'être un mensonge pour devenir un auxiliaire utile et indispensable; et rien ne sera plus fatal quelque jour à la République que son dédain ou son effroi de l'appel au peuple.

ignore s'il a rallumé le foyer qui nourrit sa famille, ou incendié le toit qui l'abrite[1].

Il y a des hommes, gonflés d'orgueil, amis exclusifs d'eux-mêmes, qui se donnent au peuple pour les siens; il y en a qui se prennent d'amour pour le code politique en attendant l'heure de le déchirer, et qui rappellent les autres à l'adoration superstitieuse de la lettre, en se moquant de ceux qui la respectent[2]; il y en a enfin qui font bruit d'une victoire sans combat et qui se vantent d'avoir pardonné pour se dispenser de rougir et de demander grâce : ces hommes-là regardent la France comme une proie qui leur est dévolue

1. Dans un régiment en garnison à Versailles, un soldat refusa les deux bulletins de vote où les noms des candidats se trouvaient imprimés, et comme on lui demandait pourquoi il ne votait pas, il répondit : *Je ne connais pas ces messieurs.* Le mot de ce soldat mériterait les honneurs de l'ordre du jour dans toute l'armée.

2. Il y a dans les choses une logique profonde, invincible que les imbéciles ne comprennent pas.... Quoi ! vous croyez à la nécessité permanente d'une armée de trois, quatre ou cinq cent mille hommes dans le pays, et vous donnez à ce grand corps militaire l'exercice du droit de vote, le maniement de la souveraineté !!! Vous croyez cela compatible avec la discipline militaire, qui est une servitude ! Vous êtes fous... vous êtes bien enfants ou bien aveugles, si vous ne voyez pas que la formule du suffrage universel est de trois siècles en avant de notre état social actuel !... Quoi ! vous croyez à la nécessité permanente des armées de guerre, de la misère et de la domesticité, et vous avez donné le suffrage au prolétaire, au soldat et au domestique ! Vos bourreaux votent, par Dieu !.... Allez, nos maîtres, vous n'êtes pas forts ! (Considérant, *Le socialisme devant le vieux monde*, pages 159-162.)

pour sa plus grande gloire et pour le progrès des destinées humanitaires.

Mais la France ne peut pas périr ; et avant qu'elle succombe à cette humiliation dernière, elle se souviendrait peut-être des droits et des devoirs reconnus par la Constitution même comme antérieurs aux lois positives [1]; et un Français pourrait se rencontrer qui ne trouverait pas trop indigne de lui de dire comme le consul romain : *Je jure que j'ai sauvé la patrie !*

Dieu me garde d'évoquer les tempêtes ou de prédire ces extrémités terribles, ces jours néfastes où l'épée sort comme d'elle-même du fourreau ! Mais, pour échapper aux écueils, il est nécessaire de les signaler ; il importe que les dépositaires actuels des grands pouvoirs usent, dans l'intérêt de la société, des forces immenses qu'elle leur confère, de telle sorte qu'elles ne puissent un jour être employées à sa ruine ; et il leur sera demandé compte de ce qu'ils auront négligé de faire, plus encore que de ce qu'ils auront fait.

La France n'est pas seule en péril : d'autres Etats sont engagés comme elle dans une voie funeste : ils n'en sortiront que lorsque leurs chefs ou les arbitres de leurs destinées se préoccuperont moins des droits métaphysiques des peuples, dont la limite ne se trouve nulle part, que de leurs intérêts positifs, de leurs besoins matériels et moraux. Il est temps que, dé-

1. Art. III du préambule de la Constitution de 1848.

tournant les regards des vains systèmes, nous les ramenions sur les principes invariables et éternels de toutes les sociétés régulières, quelque nom qu'on leur donne, et sur les conditions que la raison aidée de l'expérience a reconnues nécessaires à leur existence comme à leur durée.

Celle de ces conditions qui les résume toutes et que j'ai d'abord indiquée[1] consiste à faire *que les forces qui tendent à raffermir et à conserver l'Etat l'emportent sur les forces contraires, ou du moins qu'elles leur fassent équilibre.* Ce principe est simple, il paraît un axiôme, et il suffit du bon sens pour le formuler. Il y en a peu cependant qui soient plus constamment méconnus dans la pratique, et le ministre qui osera le prendre au sérieux, qui sera assez sage et assez fort pour en tirer toutes les conséquences justes et nécessaires, aura sa place parmi nos grands hommes.

Pour rétablir en France cet indispensable équilibre, ce n'est pas trop de l'union, de la volonté ferme, du dévouement absolu de tous ceux qui tiennent en main nos destinées. Le premier de nos besoins est que le pouvoir soit raffermi, et, il ne suffit pas qu'on le fasse respecter à l'aide de la force si on ne le respecte assez soi-même pour oser lui rendre quelque prestige ; mais il faut pour cela qu'au lieu de se disputer d'avance le bénéfice de la victoire,

1. Voyez page 10.

les partis ne laissent point échapper l'occasion qui la donne : il importe enfin que toutes les préoccupations personnelles s'évanouissent ou se taisent devant l'ennemi commun et l'intérêt général. A ce prix seulement la France sera sauvée, et lorsque viendra le terme de ses agitations, son drapeau, dans quelque main qu'il se trouve, ne flottera pas sur des cendres.

TABLE.

BIBLIOTHEQUE NATIONALE
R.F.
IMPR.

www.ingramcontent.com/pod-product-compliance
Lightning Source LLC
LaVergne TN
LVHW020342230826
846091LV00003B/964
9782012969094